ADMiS FONCTION PUBLIQUE

concours 2018-2019

5e édition

W0220351

Note et rapport

Méthode et exercices

Olivier Bellégo

Directeur des concours du centre de gestion de la fonction publique territoriale du Rhône et de la Métropole de Lyon

Vuibert

ISSN : 2114-9305
ISBN : 978-2-311-20566-4

Conception de la couverture : Delphine d'Inguimbert et Valérie Goussot
Conception de la maquette : Bleu T
Composition : Michelle Bourgeois

DANGER LE PHOTOCOPILLAGE TUE LE LIVRE

La loi du 11 mars 1957 n'autorisant aux termes des alinéas 2 et 3 de l'article 41, d'une part, que les « copies ou reproductions strictement réservées à l'usage privé du copiste et non destinées à une utilisation collective » et, d'autre part, que les analyses et les courtes citations dans un but d'exemple et d'illustration, « toute représentation ou reproduction intégrale, ou partielle, faite sans le consentement de l'auteur ou de ses ayants droit ou ayants cause, est illicite » (alinéa 1er de l'article 40).
Cette représentation ou reproduction, par quelque procédé que ce soit, constituerait donc une contrefaçon sanctionnée par les articles 425 et suivants du Code pénal.
Le « photocopillage », c'est l'usage abusif et collectif de la photocopie sans autorisation des auteurs et des éditeurs. Largement répandu dans les établissements d'enseignement, le « photocopillage » menace l'avenir du livre, car il met en danger son équilibre économique. Il prive les auteurs d'une juste rémunération. En dehors de l'usage privé du copiste, toute reproduction totale ou partielle de cet ouvrage est interdite. Des photocopies payantes peuvent être réalisées avec l'accord de l'éditeur.
S'adresser au Centre français d'exploitation du droit de copie : 20, rue des Grands-Augustins, F-75006 Paris.
Tél. : 01 44 07 47 70

© Vuibert - février 2018 - 5, allée de la 2e DB - 75015 Paris
Site Internet : http://www.vuibert.fr

Sommaire

Conseils pratiques 5

Partie 1 | Savoir lire et analyser

- FICHE 1 La maîtrise du temps 8
- FICHE 2 Lire vite 10
- FICHE 3 Changer de mode de lecture 14
- FICHE 4 Lire l'essentiel et mémoriser 17
- FICHE 5 Lire l'essentiel et comprendre 23
- FICHE 6 Connaître la nature exacte de l'épreuve 28
- FICHE 7 Analyser la mise en situation et la commande 32
- FICHE 8 Repérer les sources 37
- FICHE 9 Exploiter les sources 40
- FICHE 10 Trouver un plan à partir de la commande et des titres 45
- FICHE 11 S'entraîner à trouver un plan 51
- FICHE 12 Mettre en pratique 58

Partie 2 | Exploiter le dossier

- FICHE 13 Les méthodes d'exploitation 62
- FICHE 14 Trouver un plan à partir de la titraille 63
- FICHE 15 Rédiger des fiches à partir d'un plan préconçu 69
- FICHE 16 Une mise en œuvre 74
- FICHE 17 Rédiger des fiches par thèse 80
- FICHE 18 Rédiger des fiches par document 89

Partie 3 | Rédiger la synthèse

- FICHE 19 Écrire efficacement 96
- FICHE 20 Se méfier du jargon administratif 99
- FICHE 21 Choisir le bon registre 102
- FICHE 22 Éviter les pièges de l'orthographe 104
- FICHE 23 Pratiquer la chasse aux fautes 107
- FICHE 24 Respecter les règles formelles de présentation 110
- FICHE 25 Servir le fond par la forme 113
- FICHE 26 Introduire 116
- FICHE 27 Développer, conclure 119

Partie 4 | Corriger une copie

FICHE 28 L'importance de la forme 124
FICHE 29 Les critères d'appréciation 125
FICHE 30 Les qualités et les défauts des annonces de plan 127
FICHE 31 S'entraîner à l'analyse d'un plan 130
FICHE 32 Une proposition de corrigé d'un sujet 133
FICHE 33 Un modèle de bonne copie rédigée 142

Partie 5 | Un rappel express de la méthode

FICHE 34 Phase 1 : analysez la commande 148
FICHE 35 Phase 2 : analysez la liste des documents et leurs titres 149
FICHE 36 Phase 3 : parcourez le dossier 150
FICHE 37 Phase 4 : exploitez le dossier 151
FICHE 38 Phases 5 et 6 : décidez d'un plan et rédigez 155

Partie 6 | Les propositions ou solutions opérationnelles

FICHE 39 Quelques conseils méthodologiques 158
FICHE 40 La méthodologie de projet 162
FICHE 41 Un exemple de rédaction de rapport avec solutions opérationnelles 166
FICHE 42 Un second exemple de rédaction de rapport avec solutions opérationnelles 178

CONSEILS PRATIQUES

En 42 fiches, cet ouvrage prépare à l'épreuve de note de synthèse, ainsi qu'à celles de note administrative, de rapport, de note ou rapport avec propositions ou solutions opérationnelles, en vous donnant tous les outils méthodologiques pour réussir.

- **La méthodologie de l'épreuve de synthèse** repose souvent sur l'accumulation de conseils de méthode, mais nombreux sont les candidats qui ne parviennent pas à comprendre comment s'opère la mystérieuse alchimie qui permet de **passer d'un dossier qui compte le plus souvent de 20 (catégorie B) à 30 ou 40 pages (catégorie A) à une synthèse organisée de 5 à 6 pages.**
Une longue pratique de l'enseignement de la méthodologie de la synthèse et de la correction de copies d'examens et de concours de catégories A et B nous a permis de mesurer que l'incapacité à mener de bonne façon l'exercice à son terme est souvent due à une maîtrise insuffisante de la **lecture** et de l'**analyse** qui constitue un pré-requis indispensable. La première partie de l'ouvrage est née de ce constat.

- L'expérience de l'enseignement montre aussi que les moyens de la transmutation du dossier en synthèse varient selon les candidats voire selon les sujets. Aussi, l'ouvrage s'attachera à montrer, à partir d'un même sujet, les **différentes techniques qui permettent de parvenir à un plan** et d'exploiter efficacement le dossier.

- Nombreux sont les candidats qui disposent à la fois des pré-requis nécessaires et d'une technique de synthèse efficace mais qui méconnaissent les exigences du « produit fini ». La troisième partie s'attachera aux **contraintes formelles** qui pèsent sur cette épreuve, contraintes dont la méconnaissance entraîne des contre-performances regrettables.

- La dernière partie, enfin, permettra au lecteur de percevoir clairement comment est **corrigée** une copie de synthèse.

- Conformément à l'esprit de cette collection, chaque fiche préfère les exemples au « discours sur la méthode » et propose fréquemment des **exercices** visant à mesurer la maîtrise des savoir-faire essentiels. Ces exercices ont été proposés à des stagiaires lors de séances de préparation aux concours et leur évaluation positive nous conduit à vous en faire bénéficier.

- Soulignons enfin que cette épreuve, désormais présente dans de très nombreux concours et examens professionnels de catégories A et B, est devenue l'épreuve phare des concours et examens professionnels : le vaste mouvement de simplification et de professionnalisation des épreuves a accru son importance en la conservant souvent comme unique épreuve écrite là où elle cohabitait avant avec d'autres épreuves, comme la composition de culture générale. Les aptitudes à l'analyse et à la synthèse qu'elle requiert évidemment apparaissent plus que jamais comme l'aune à laquelle on peut mesurer les **aptitudes intellectuelles et professionnelles** requises du futur lauréat.

- Cette cinquième édition comporte de nombreuses modifications destinées à rendre l'ouvrage encore plus utile. N'hésitez pas à nous faire part de vos appréciations afin que nous puissions, si nécessaire, l'améliorer encore.
Nous vous souhaitons une bonne préparation aux épreuves de synthèse sur lesquelles vous allez prochainement « plancher », auxquelles cet ouvrage, entièrement fondé sur des **sujets d'annales des concours et examens de catégories A et B**, entend vous initier.
La présente édition a été enrichie de sujets d'annales corrigés de concours phares organisés jusqu'en 2016 sur la base de sujets nationaux. Elle comprend également une approche des **propositions ou solutions opérationnelles** (partie 6).

PARTIE 1

Savoir lire et analyser

FICHE 1 LA MAÎTRISE DU TEMPS

Nombreux sont les candidats aux concours et examens, confrontés à la nécessité de réussir une ou plusieurs épreuves de synthèse, qui confessent leur incapacité à terminer dans les temps à cause de la lenteur excessive de leur lecture.

- Comment lire à la fois rapidement et efficacement (**fiches 2 à 5**) ? À quelles informations être particulièrement attentif dès le début de l'épreuve afin d'éviter que la lecture du dossier soit inefficace (**fiches 6 à 9**) ? Comment discerner avant même de « se plonger » dans le dossier les axes principaux, voire le plan, de la synthèse (**fiches 10 à 12**) ?

- Les différentes fiches de cette première partie entendent permettre une réponse à ces questions.

- Tordons le cou à l'idée qu'il faut **lire tout le dossier** pour réussir une synthèse assortie, le cas échéant, de propositions : lire de 20 à 40 pages, puis rédiger 6 pages en 3 ou 4 heures, c'est pari impossible. Il faut bien exploiter tout le sujet, mise en situation lorsqu'elle existe, commande, sources et titres des différents documents du dossier, avant une « lecture de survol », qui, s'attachant particulièrement à la « titraille », va repérer les informations principales qui devront être valorisées dans la synthèse.

- Partons d'une épreuve en **3 heures** : c'est, par exemple, la durée dont disposent les candidats aux premiers grades des cadres d'emplois de catégorie B de la fonction publique territoriale assez récemment réformés dans le cadre du nouvel espace statutaire, comme le grade de rédacteur :
  – concours externe : rédaction d'une note à partir des éléments d'un dossier portant sur des notions générales relatives aux missions, compétences et moyens d'action des collectivités territoriales ;
  – concours interne et de troisième voie : rédaction d'une note à partir des éléments d'un dossier portant sur l'un des domaines suivants, au choix du candidat lors de son inscription : les finances, les budgets et l'intervention économique des collectivités territoriales / le droit public en relation avec les missions des collectivités territoriales / l'action sanitaire et sociale des collectivités territoriales / le droit civil en relation avec les missions des collectivités territoriales.

- Sur cette base, le **découpage indicatif du temps** peut être le suivant :

FICHE 1

– **10 minutes seront consacrées à travailler le libellé** (mise en situation, si elle existe, et commande) ainsi que les sources et titres des articles. C'est un minimum pour faire correctement toutes les observations qui s'imposent et pour en tirer les conclusions qui vont vous permettre ensuite de faire un vrai travail de synthèse.

Une **ébauche de plan** peut parfois être posée comme hypothèse.

– **20 minutes pour parcourir le dossier :**

Une lecture très sélective, qui ne s'occupe que de ce qui se détache du texte. Elle doit néanmoins être très attentive et réflexive, interrogeant constamment ce qui est lu.

L'ébauche de plan faite précédemment doit pouvoir être remaniée et précisée en fonction de ce parcours. Il est vivement souhaitable, même s'il n'est pas définitif, de disposer d'un plan qui va faciliter la prise de notes.

C'est le travail le plus long et, si vous parvenez à le mener à bien plus rapidement, vous disposerez de temps supplémentaire pour rédiger.

Il vous faudra pourtant sans doute **plus d'une heure** pour relever les points importants sur les feuilles que vous aurez préparées en fonction de votre plan.

On verra que, dans l'hypothèse où aucun plan n'émergerait de l'analyse du sujet (mise en situation, commande, sources et titres des documents au dossier) ni de la lecture de survol du dossier, deux techniques alternatives de prise de notes sont possibles.

Rédigez au brouillon titres et introduction, mais le reste de la note sera rédigé directement, à partir de vos notes, feuille par feuille. Vous aurez regroupé sur chaque feuille les points qui doivent être évoqués ensemble, vous les aurez numérotés dans l'ordre où vous souhaitez les présenter : la rédaction finale, dès lors que le dossier est connu et le plan rédigé, ne devrait pas poser de problème.

– **10 minutes pour se relire :**

Quelle que soit l'épreuve, on prendra toujours, surtout si on laisse des fautes d'orthographe, quelques minutes pour se relire, corriger les fautes mais aussi rajouter le mot qui manque, corriger une phrase mal bâtie.

CONSEIL DU FORMATEUR :

L'utilisation du temps n'est jamais la même d'un candidat à l'autre. L'essentiel est de ne pas « démarrer » trop vite sans aucune idée de ce que l'on veut trouver dans le dossier et... de terminer !

Une copie inachevée sera toujours lourdement pénalisée et pourra conduire à l'élimination du candidat.

FICHE 2 LIRE VITE

Il n'est évidemment pas possible de développer dans cet ouvrage une méthode de lecture rapide. Lire vite et efficacement n'en constitue pas moins un pré-requis indispensable à la réussite de l'épreuve.

1. Méthode

• Un rappel des mécanismes de la lecture permet toutefois de percevoir ce qui peut ralentir la lecture ou, au contraire, l'accélérer.

• Pour vous préparer dans la durée à ce type d'épreuve, pratiquez **une lecture rapide** chaque fois que vous le pouvez.

• Lisez un texte non pas gratuitement, distraitement, mais en vous demandant *a minima* quel en est **le thème** mais aussi quelle en est **la thèse**.
Pratiquez cet exercice quotidiennement avec un des textes qui vous « tombent entre les mains » (articles de presse, écrits professionnels, etc).
Pratiqué régulièrement, cet exercice vous sera particulièrement utile pour allier lecture rapide et lecture efficace lorsque vous devrez repérer les informations principales dans un dossier afin d'en faire la synthèse.

RAPPELS DU FORMATEUR :
- Le **thème** d'un texte, c'est son sujet, son objet ; par exemple : la politique de la ville.
- La **thèse** d'un texte, c'est ce que démontre son auteur sur ce sujet ; par exemple : la politique de la ville, malgré la multiplication des dispositifs depuis plus de 30 ans, demeure gravement inefficace.

2. Vitesse de lecture

• La **vitesse de lecture moyenne** d'un adulte varie entre **200 et 240 mots à la minute**, ce qui est à peine plus que la vitesse de lecture moyenne pratiquée dans le niveau primaire.
On constate que les étudiants du cycle supérieur parviennent à augmenter sensiblement leur rythme de lecture. Ce phénomène n'est pas lié à leur intelligence, mais à la **pression** et à la **motivation** qui leur imposent de lire de manière particulièrement efficace pour mémoriser le maximum d'informations.
Une fois les études terminées, la pression s'atténuant, on constate que la vitesse de lecture retombe généralement au stade de départ.

• Au prix de quelques simplifications, les « scores » s'établissent comme suit en fonction du niveau d'étude :

Niveau d'instruction	Vitesse de lecture
École primaire	200 mots par minute
École secondaire	250 mots par minute
Cycle supérieur	325 mots par minute
Cycle postuniversitaire	400 mots par minute
Adultes	200 mots par minute

Pour autant, la vitesse de lecture est loin d'être immuable et, même si vos études sont loin derrière vous, vous pouvez assez facilement retrouver ou trouver une meilleure vitesse de lecture.

• Un entraînement à la lecture rapide permet d'élargir le **champ visuel**. Le lecteur moyen n'utilise que son champ visuel central, soit 20 % de ses possibilités.

• Si vous conduisez, vous devez facilement vous rendre compte de l'importance du champ visuel périphérique. Quand vous êtes au volant (ou sur votre vélo), votre attention est focalisée par la route devant vous (champ visuel central.) Pour autant, vous percevez le piéton sur le trottoir de droite qui s'apprête à traverser comme les enfants qui courent sur le trottoir de gauche. Votre champ de vision périphérique perçoit ces informations et les transmet à votre cerveau.

• Contrairement à ce que l'on croit généralement, l'œil ne peut voir que s'il est immobile : ainsi, pendant la lecture, l'œil ne se déplace pas d'un mouvement continu le long de la ligne d'écriture, mais par bonds (ou sauts) successifs. Il se fixe pendant un quart de seconde pour enregistrer une portion de ligne puis se déplace en un quarantième de seconde jusqu'à l'arrêt suivant.

Conseil du formateur :
Pour réussir une note de synthèse, il faut apprendre à lire comme on lit rarement : avec l'obsession du repérage de l'essentiel, sans prendre le temps du plaisir de ce qu'on aime lire, sans s'épargner le déplaisir de ce qu'on n'aime pas lire habituellement.

Entraînement

Afin de mesurer les exigences de l'entraînement à la lecture rapide, lisez le texte ci-après le plus rapidement possible et, au terme de cette lecture, déterminez quels en sont le thème et la thèse.

« Civilisé s'oppose à grossier : cultivé s'oppose d'abord à ignorant. Et pourtant l'homme de connaissance a semblé souvent une caricature de l'homme cultivé. Sans doute celui-ci est-il un homme de livres, d'œuvres d'art – un homme lié à des témoignages particuliers du passé. Mais peu importerait qu'il fût l'homme qui connaît ses témoignages, s'il n'était d'abord l'homme qui les aime. La vraie culture commence lorsque les œuvres ne sont plus que des documents : lorsque Shakespeare est présent. De quelle présence ? De celle de Michel-Ange et de Piero della Francesca, de Vélasquez et du Greco, de Cézanne et des sculpteurs de Chartres, des maîtres égyptiens et sumériens, de Monteverdi et de Beethoven ; de notre discothèque, de notre bibliothèque et de notre Musée Imaginaire. La connaissance, c'est l'étude de Rembrandt, de Shakespeare ou de Monteverdi ; la culture c'est notre émotion devant *La Ronde de nuit*, la représentation de *Macbeth* ou l'exécution d'*Orfeo*. La culture de chacun de nous, c'est la mystérieuse présence, dans sa vie, de ce qui devrait appartenir à la mort.

Et l'on ne comprendrait guère que les intellectuels, les artistes et les gouvernements fussent troublés par une telle présence s'ils ne la découvraient au temps où un bouleversement de la fiction s'est produit dans toutes les parties du monde touchées par l'industrie moderne ; radio, disque, roman populaire, et surtout la presse à grand tirage, le cinéma et la télévision, y déversent l'immense domaine des rêves que l'on commence d'appeler la culture des masses.

À quoi semble s'opposer la culture des intellectuels.

Il est bien vrai que le niveau mental des films tirés de *Guerre et paix*, d'*Anna Karénine* est incomparablement inférieur à celui des romans de Tolstoï : il est bien vrai que le niveau mental du cinéma, et surtout son niveau sentimental, sont assez bas. Mais les millions de spectateurs d'*Anna Karénine*, sans le film, n'eussent jamais lu le roman ; et les westerns n'ont pas succédé à Platon ou à Balzac, ils ont succédé aux *Trois Mousquetaires* et à l'*Île au trésor*. Les films où un amour niais est servi par des image magnifiques ont remplacé les romans où un amour non moins niais était servi par un style détestable. La production cinématographique n'appartient pas à la culture au sens ancien du mot, mais la sélection des ciné-clubs lui appartient certainement. Toute qualité des œuvres concourt à la qualité de l'homme.

Prenons garde que cette industrialisation du rêve est sans commune mesure avec ce que fut l'action du roman ou du théâtre. Il y a un siècle, le public populaire de tous les spectacles de Paris réunis n'atteignait pas trois mille personne par soirée. Et le public d'aujourd'hui n'est pas un public populaire à proprement parler : l'art de masse n'est point un art de classe. Cette collectivité nouvelle a suscité l'expression nouvelle de ses sentiments, et d'abord de son imaginaire – expression servie par des moyens de diffusion sans précédent. Notre civilisation fait naître autant de rêves chaque semaine que de machines en un an. Ainsi s'établit un romanesque que le monde n'avait jamais connu, et dont la présence dans la vie de centaines de millions d'hommes est fort différente des présences romanesques ou légendaires de jadis : il ne peut être comparé qu'à ce qui fut l'obsédante présence de l'imaginaire religieux.

Un chef-d'œuvre – *Macbeth* ou *Don Quichotte*, un roman de Balzac, de Stendhal, de Tolstoï, est traduit en film. Ce film, à son tour, est traduit en roman populaire. Une partie des spectateurs du film lit le roman populaire, une autre lit l'œuvre originale. Pour ceux-ci, même s'ils prennent contact pour la première fois avec le génie, quelle sera la différence entre le film et le chef-d'œuvre ? Ils y trouveront le reflet de la poésie au lieu de la création poétique, le reflet de l'expérience humaine au lieu de l'expérience humaine, un récit simplifié et sans doute actualisé. Le film sera d'autant meilleur qu'il se rapprochera davantage de l'œuvre, non en transmettant plus fidèlement ses images, mais en transmettant plus efficacement ce qui en fait un chef-d'œuvre. Certes, le cinéma n'est pas né pour illustrer la littérature. Mais il nous faut découvrir que ce qui sépare un film de la poésie ou de l'expérience humaine de *Macbeth* ou de *Don Quichotte*, de *La Chartreuse de Parme* ou de *Guerre et paix*, c'est ce qui sépare le domaine de référence des chefs-d'œuvre, du domaine de référence des films. »

André Malraux
Allocution prononcée à New York le 15 mai 1962

Corrigé

Thème : La culture.

Thèse : N'opposons pas culture de masse et culture des intellectuels : aujourd'hui, de nouveaux moyens techniques – au premier rang desquels le cinéma – multiplient la possibilité d'accéder à la culture, entendue comme l'émotion que suscite l'œuvre.

FICHE 3 CHANGER DE MODE DE LECTURE

ASTUCE DU CANDIDAT :
Je ne savais pas que je « parlais les mots » en lisant : je l'ai découvert en plaçant mes doigts sur ma gorge pendant la lecture. Ce n'est pas six mois avant un concours que l'on peut changer ses habitudes de lecture.
Alors, pour lire plus vite, je me suis exercé méthodiquement, chaque jour, chaque fois que je lisais, à élargir mon champ de vision. J'y ai beaucoup gagné en vitesse de lecture.

1. Les mauvaises habitudes de lecture

La lecture mot à mot

Ces habitudes viennent souvent de l'enfance, lorsque l'on suit lentement le texte mot à mot, syllabe par syllabe. Ce type de lecture freine considérablement la vitesse de lecture mais également la compréhension.
Cette mauvaise habitude de lecture réduit également le champ de vision et freine ainsi mécaniquement la vitesse de lecture.
On compare parfois ce type de lecture à la perception d'un observateur qui se placerait derrière une meurtrière pour regarder le paysage.
Un champ de vision étroit oblige généralement le lecteur lent à revenir en arrière dans sa lecture pour comprendre ou vérifier (consciemment ou inconsciemment) les informations. Ces retours en arrière, qui ne permettent guère une bonne compréhension, pèsent considérablement sur la vitesse de lecture.

Les confusions

Un mot confondu suffit pour faire perdre son sens à une phrase et le lecteur est obligé de revenir en arrière, ce qui disperse son attention. Un manque d'attention, même d'un très court moment, suffit à provoquer cette confusion. Cette mauvaise compréhension des mots est observée dès les premières années scolaires chez un nombre important d'enfants. Ce défaut tend à subsister chez les personnes qui n'ont suivi aucun entraînement correcteur.

Vocalisation et subvocalisation

• Encore une habitude qui vient de l'enfance : lorsque l'on apprend à lire, on prononce les mots à haute voix (vocalisation). Malheureusement, beaucoup de lecteurs conservent l'habitude, lorsqu'ils lisent, d'articuler silencieusement les mots (on voit, lorsqu'ils lisent, leurs lèvres bouger), ce qui ralentit considérablement leur vitesse de lecture. Prononcer un mot prend en effet environ quatre fois plus de temps que sa lecture. D'autres ne lisent plus à haute voix mais continuent à « parler les mots dans leur tête », à « articuler » les mots mentalement sans que le larynx bouge : on parle alors de subvocalisation.

- Pour savoir si vous vocalisez, placez le bord d'une feuille de papier ou la pointe d'un mouchoir entre vos lèvres. Quand vous lisez, il ne doit pas bouger, encore moins tomber. Vous pouvez aussi placer vos doigts sur votre gorge pour vérifier si votre larynx bouge ou non.

2. Pour lire rapidement…

- Lire vite requiert que le champ de perception de l'œil, à chacun de ses arrêts, soit le plus large possible.

- La durée d'une fixation et de son enregistrement varie peu d'un lecteur à l'autre. Ce qui différencie un lecteur « rapide » d'un lecteur « lent », c'est le nombre réduit de fixations par ligne de texte :
  - un lecteur lent lit 2 mots par fixation ;
  - un lecteur moyen lit 3 à 4 mots par fixation ;
  - un lecteur rapide lit 5 mots et plus par fixation.

Conseil du formateur :
Un entraînement méthodique à l'élargissement du champ de vision pendant la lecture, en s'exerçant à « embrasser » le maximum de mots à chaque « coup d'œil », peut permettre d'améliorer significativement la vitesse de lecture.

3. … il faut pratiquer une lecture sélective

- La majorité des lecteurs pratique une lecture intégrale où chaque mot est lu. Cette façon de faire demande beaucoup de temps et est parfois inutile. De plus, elle encombre la mémoire de nombreux détails sans importance.

- La **lecture sélective** consiste à sélectionner les informations intéressantes. Ce mode de lecture ne s'applique évidemment pas à tous les textes. Quand on lit Jacques Prévert ou Saint John Perse, on lit chaque mot. En revanche, la lecture intégrale est parfaitement inutile et inopérante lorsqu'on cherche par exemple un mot dans un dictionnaire.

- La lecture sélective comprend deux techniques essentielles :
  - la technique d'écrémage ou *skimming* ;
  - la technique de repérage ou *scanning*.

L'écrémage *(skimming)*

- Cette technique vise à réduire le nombre de mots lus sans que la compréhension du texte en soit diminuée. Elle permet la concentration sur les passages importants tout en éliminant un travail inutile de lecture intégrale.

- On applique différents degrés d'écrémage en fonction des besoins et des textes : un degré peu sélectif, à la limite de la lecture intégrale, et à l'inverse, un écrémage très sélectif qui ne permettra que la perception de ce qui paraît essentiel. Lorsque l'on parle de « lecture de survol », c'est généralement à ce type de lecture que l'on fait référence. C'est bien ce type de lecture que je pratique lorsque je parcours le dossier dont je dois rédiger la synthèse afin d'en repérer les informations principales.

Le repérage *(scanning)*

- Cette technique diffère de l'écrémage en ce que, ici, le lecteur connaît le renseignement qu'il cherche. Le repérage ne s'utilise pas pour toutes les lectures, mais uniquement lorsqu'on a besoin d'un renseignement ou d'une connaissance sur un point précis.
L'exemple type d'une lecture de repérage est la recherche d'un mot dans un dictionnaire.
Mais ce type de lecture ne s'applique pas uniquement aux dictionnaires et aux annuaires : lorsque je parcours le dossier à la recherche de références juridiques précises ou de données chiffrées qui me semblent indispensables à la rédaction de ma synthèse, je pratique une lecture de repérage.

- Soulignons toutefois que la frontière est ténue entre ces deux modes de lecture et que tous deux visent à permettre une **lecture efficace**, qui s'attache à l'essentiel et abandonne le secondaire. La lecture, dans l'exercice de synthèse, est d'autant plus efficace que je sais ce que je cherche.

FICHE 4 LIRE L'ESSENTIEL ET MÉMORISER

Alors qu'un lecteur « lent » éprouvera les plus grandes difficultés à maîtriser l'épreuve de synthèse, la vitesse de lecture ne saurait à elle seule (l'entraînement précédent [*cf.* **fiche 2**] a déjà permis de le mesurer) constituer un gage de réussite.

- Deux éléments sont évidemment importants à maîtriser : non seulement votre vitesse de lecture mais aussi votre compréhension du texte. Il ne servirait en effet à rien de savoir lire très vite… si l'on ne comprend ni ne retient rien du texte.

- Il est important, afin de dépasser de possibles limites très handicapantes dans ce type d'épreuve, que vous sachiez si vous êtes :
  - un lecteur rapide doté d'une bonne compréhension ;
  - un lecteur rapide qui pâtit d'une faible compréhension ;
  - un lecteur lent doté d'une bonne compréhension ;
  - un lecteur lent qui pâtit d'une faible compréhension.

- En vous chronométrant, vous lisez le texte (exercice 1) à la vitesse que vous estimez nécessaire à la mémorisation des informations principales.

- Au terme de la lecture, vous complétez de mémoire le questionnaire qui suit (exercice 2).

Lorsque l'exercice est pratiqué en groupe, les textes sont distribués à l'envers, le formateur donne le top départ à tout le monde simultanément. Dès qu'un stagiaire a terminé sa lecture, il lève la main et retourne le texte sur la table : le formateur lui communique son temps, que le stagiaire note, et lui remet le questionnaire à remplir.

Entraînement

Nous proposons ci-après un texte destiné à tester essentiellement la mémorisation d'informations.

Le premier exercice à partir de ce texte consiste à le **lire le plus rapidement possible** tout **en mémorisant le maximum d'informations**.

Chronométrez votre temps de lecture avant de **passer directement à l'exercice 2 sans relire le texte.**

→ Exercice 1 - Lecture chronométrée

La culture vaut bien 435 kilomètres d'autoroute

ANALYSE
Par Clarisse Fabre
Service Culture

En 1966, alors qu'il défendait le budget des maisons de la culture, André Malraux avait lancé cette phrase aux députés : « Mesdames et messieurs, ce que je vous demande, c'est exactement vingt-cinq kilomètres d'autoroute. » La décentralisation culturelle vivait ses dernières années, et le ministre des Affaires culturelles souhaitait minimiser les sommes en jeu.
Cette citation de Malraux a été exhumée, il y a quelques jours, par le rapporteur spécial de la commission des finances, le socialiste Pierre-Alain Muet, à l'occasion du vote en première lecture du budget de la culture pour 2014, mercredi 13 novembre.
Il s'agissait de montrer, près de cinquante ans plus tard, que les sommes en jeu sont toujours dérisoires. M. Muet ne cache pas son désaccord avec la décision du gouvernement de diminuer de nouveau l'enveloppe de la Rue de Valois (– 2,5 %), comme en 2012. Les économies escomptées sont « *une goutte dans l'océan des déficits* », mais les conséquences peuvent être très dommageables sur le terrain, dit-il.
La droite n'a jamais osé le faire, entre 2007 et 2012, mais la gauche l'assume : c'est la crise et la culture doit, elle aussi, contribuer au redressement des comptes publics – même si quelques secteurs, comme l'éducation ou la justice, sont heureusement épargnés. François Hollande n'a pas tenu sa promesse de campagne quand il parlait de « sanctuariser » la culture. Certes, il n'avait pas annoncé le grand soir, ni prôné le doublement du budget, comme l'avait fait Martine Aubry durant la primaire socialiste.
De fait, la mission « culture » pèse moins de 1 % du budget de l'État : elle comprend la création – spectacle vivant, arts plastiques... –, la transmission des savoirs et la démocratisation culturelle, ainsi que le patrimoine, pour une enveloppe totale de 2,7 milliards d'euros. Soit 435 kilomètres d'autoroute, si l'on actualise la métaphore de Malraux – le coût moyen d'un kilomètre étant estimé actuellement à 6,2 milliards d'euros. Certains diront que l'on a fait du chemin depuis les années 1960 ; d'autres répondront que l'on n'ira pas bien loin en 2014. Si l'on ajoute les crédits consacrés aux médias, à la lecture et aux industries culturelles, le budget global du ministère de la Culture s'établit à 7,26 milliards d'euros. En bon soldat, la ministre de la Culture, Aurélie Filippetti, répète qu'« une politique culturelle ne se résume pas à une accumulation de dépenses ».
Certes, mais personne n'est dupe. Et la parole se libère au sein du PS. Le rapporteur spécial de la commission des finances publiques estime que la baisse du budget culture pour 2014 est « un non-sens économique » et rappelle, par exemple, que les gains de productivité du travail sont inexistants dans le spectacle vivant : une représentation du *Médecin malgré lui* ou une interprétation de *La Flûte enchantée* nécessitent à peu près la même quantité de travail qu'à l'époque de Molière ou de Mozart.

Des coûts croissants

Le secteur est ainsi confronté par essence à des coûts croissants, et l'on ne pourra le préserver qu'à la condition de le soutenir par un financement public important, et qui doit augmenter. M. Muet n'accable pas pour autant la ministre et salue ses choix clairs : arrêter quelques grands chantiers dispendieux, faire peser l'effort principalement sur les gros vaisseaux (Opéra de Paris, etc.) ou conforter les crédits de l'éducation artistique et culturelle – 39 millions d'euros, soit 6 kilomètres d'autoroute.

Reste à changer les mentalités. En 2013, la culture doit toujours justifier son existence. Comme si la beauté d'une œuvre, qui elle peut changer la vie, ne suffisait pas. Que dit-on, à droite comme à gauche ? Que la culture est source de développement économique, qu'elle attire des touristes, génère des nuits d'hôtel, crée des emplois, etc. Une fois que l'on a dit ça, la culture ne fait (presque) plus débat.

Une récente étude, intitulée « Panorama économique des industries culturelles et créatives en France », montre qu'avec un chiffre d'affaires de 75,6 milliards d'euros la culture se place désormais devant l'industrie automobile. On a décidément du mal à décoller du bitume, même si l'intention est louable : munies de ces chiffres-clés, les sociétés de droit d'auteur (Sacem, SACD...), constituées en lobbies, veulent peser davantage dans les arbitrages de la Commission européenne et sauvegarder l'exception culturelle.

Un autre rapport du même, émanant cette fois-ci des services ministériels, sera bientôt dévoilé : des inspecteurs généraux des finances, et leurs homologues aux affaires culturelles, ont été chargés d'évaluer les retombées économiques et sociales du secteur culturel.

Avec cette étude maison, validée par le tampon de Bercy, Mme Filippetti entend montrer que la culture ne génère pas que des dépenses, dans le but tout aussi légitime de clouer le bec au populisme ambiant – les artistes sont des privilégiés, ils nous coûtent cher, etc. « Pas de redressement productif sans redressement créatif », répète la ministre.

Nul ne sait si les auteurs de ce rapport, attendu fin novembre, vont évaluer l'impact de la baisse du budget de la culture : combien d'emplois perdus et de recettes en moins pour les musées et les salles de spectacle ?

Le Monde, 16 novembre 2013.

→ Exercice 2

Vous venez de lire le texte.

En faisant appel à votre seule mémoire, cochez, pour répondre à chacune des questions, l'unique réponse exacte.

1 Le titre du texte est :

❍ **a.** « La culture vaut bien 1 435 kilomètres d'autoroute »
❍ **b.** « La culture ne vaut pas 435 kilomètres d'autoroute »
❍ **c.** « La culture vaut bien 435 kilomètres d'autoroute »
❍ **d.** « La culture et les 435 kilomètres d'autoroutes : ça se vaut bien »
❍ **e.** « La culture ne vaut rien sans 435 kilomètres d'autoroute »

2 En 1966, André Malraux avait demandé aux députés :

❍ **a.** « exactement trente-cinq kilomètres d'autoroute ».
❍ **b.** « un peu moins de quarante-cinq kilomètres d'autoroute ».
❍ **c.** « un peu plus de vingt-cinq kilomètres d'autoroute ».
❍ **d.** « exactement vingt-cinq kilomètres d'autoroute ».
❍ **e.** « un peu moins de trente-cinq kilomètres d'autoroute ».

3 **Pour M. Muet, rapporteur spécial de la commission des finances publiques, les économies escomptées de la diminution de l'enveloppe de la rue de Valois sont :**

❍ **a.** « une goutte d'eau dans l'océan des déficits ».
❍ **b.** « une goutte de déficit dans les eaux de l'océan ».
❍ **c.** « une goutte d'océan dans les eaux des déficits ».
❍ **d.** « une goutte de déficit dans l'océan des eaux ».
❍ **e.** « un océan de gouttes dans le déficit des eaux ».

4 **La mission culture pèse :**

❍ **a.** 1 % du budget de l'État.
❍ **b.** moins de 1 % du budget de l'État.
❍ **c.** 2 % du budget de l'État.
❍ **d.** plus ou moins 2 % du budget de l'État.
❍ **e.** bien moins que 1 % du budget de l'État.

5 **Le budget global du ministère de la Culture s'établit à :**

❍ **a.** 7,26 milliards d'euros.
❍ **b.** 8,26 milliards d'euros.
❍ **c.** 9,26 milliards d'euros.
❍ **d.** 10,26 milliards d'euros.
❍ **e.** 11,26 milliards d'euros.

6 **La ministre de la Culture, Aurélie Filippetti, répète que :**

❍ **a.** « une politique économique ne se résume pas à une diminution de dépenses ».
❍ **b.** « la politique culturelle passe avant tout par une diminution des dépenses ».
❍ **c.** « toute politique culturelle se résume à une accumulation de dépenses ».
❍ **d.** « une politique culturelle ne se résume pas à une accumulation de dépenses ».
❍ **e.** « une politique, c'est à la fois des dépenses et des recettes ».

7 **Le rapporteur spécial de la commission des finances publiques estime que la baisse du budget culture pour 2014 est :**

❍ **a.** « une mauvaise nouvelle ».
❍ **b.** « une bonne nouvelle ».
❍ **c.** « un non-sens économique ».
❍ **d.** « un contresens économique ».
❍ **e.** « une nécessité économique ».

8 **Une représentation du *Médecin malgré lui* ou une interprétation de *La Flûte enchantée* :**

❍ **a.** nécessitent bien plus de travail aujourd'hui qu'à l'époque de Molière ou de Mozart.
❍ **b.** nécessitent bien moins de travail aujourd'hui qu'à l'époque de Molière ou de Mozart.
❍ **c.** ne nécessitent quasiment plus de travail par rapport à l'époque de Molière ou de Mozart.

- ❍ **d.** nécessitent un travail qu'on ne peut comparer à celui de l'époque de Molière ou de Mozart.
- ❍ **e.** nécessitent à peu près la même quantité de travail qu'à l'époque de Molière ou de Mozart.

9 L'article comporte un seul intertitre, ainsi rédigé :

- ❍ **a.** « Des coûts décroissants ».
- ❍ **b.** « Des coûts croissants ».
- ❍ **c.** « Des coûts préoccupants ».
- ❍ **d.** « Une question de coût ».
- ❍ **e.** « Des problèmes de coût, mais... ».

10 L'un des choix de la ministre de la Culture salué par M. Muet est :

- ❍ **a.** de suspendre les crédits de l'éducation artistique et culturelle.
- ❍ **b.** de supprimer les crédits de l'éducation artistique et culturelle.
- ❍ **c.** d'augmenter les crédits de l'éducation artistique et culturelle.
- ❍ **d.** de diminuer les crédits de l'éducation artistique et culturelle.
- ❍ **e.** de conforter les crédits de l'éducation artistique et culturelle.

11 Avec un chiffre d'affaires de 75,6 milliards d'euros, la culture se place désormais :

- ❍ **a.** devant l'industrie automobile.
- ❍ **b.** derrière l'industrie automobile.
- ❍ **c.** à égalité avec l'industrie automobile.

12 Pour la ministre de la Culture :

- ❍ **a.** « Pas de redressement créatif sans redressement productif. »
- ❍ **b.** « Pas de redressement sans redressement créatif. »
- ❍ **c.** « Pas de redressement productif sans redressement créatif. »
- ❍ **d.** « Pas de redressement créatif sans redressement. »

Corrigé

Exercice 1

Le texte compte environ 950 mots.

Il vous appartient d'identifier dans quel « profil » de lecteur vous vous inscrivez, de « rapide » à « lent », étant précisé qu'une lecture rapide qui mémorise mal ne prévaut en rien sur une lecture lente qui permet une mémorisation sans faille des informations essentielles.

Durée de lecture	Vitesse de lecture	Type de lecture	Votre profil (cochez)
30″	1 900 mots/minute	LECTURE DE SURVOL	
45″	1 300 mots/minute		
1′	950 mots/minute		
1′30	630 mots/minute	LECTURE TRÈS RAPIDE	
2′	475 mots/minute		
2′30	380 mots/minute	LECTURE RAPIDE	
3′	320 mots/minute		
3′30	270 mots/minute	LECTURE MOYENNE	
4′	230 mots/minute		
5′	190 mots/minute	LECTURE TRÈS LENTE	
6′	160 mots/minute		

Exercice 2

Réponses	Nombre de réponses justes	Taux de compréhension	Votre profil (cochez)
1. c.	1	8 %	
2. d.	2	17 %	
3. a.	3	25 %	
4. b.	4	33 %	
5. a.	5	42 %	
6. d.	6	50 %	
7. c.	7	58 %	
8. e.	8	67 %	
9. b.	9	75 %	
10. e.	10	83 %	
11. a.	11	92 %	
12. c.	12	100 %	

Astuce du candidat :

Quand je veux lire vite, je me rends souvent compte que « je décroche ». Je reviens alors en arrière jusqu'à l'information dont je garde le souvenir. Et je poursuis jusqu'au décrochage suivant.

FICHE 5 LIRE L'ESSENTIEL ET COMPRENDRE

Une des difficultés de l'épreuve de synthèse réside dans le fait de devoir lire vite de nombreux documents tout en les comprenant le plus rapidement possible pour éviter plusieurs relectures.

FICHE 5

- L'exercice de la fiche 4 vous a sensibilisé à la mémorisation d'informations lors d'une lecture rapide.
- L'exercice ci-après entend vous aider à mesurer également votre capacité de **compréhension** lorsque vous lisez rapidement.

Entraînement

→ Texte

Principes républicains et respect des différences

Vers une nouvelle citoyenneté française, par Nicolas Sarkozy, ministre de l'Intérieur, de la Sécurité intérieure et des Libertés locales

Qui n'entend parler sans cesse de « République », « citoyenneté », « laïcité », « nation », « pacte social » ? Voilà des mots magiques, dont l'émotion et la charge historique effacent la signification. Ils sont confortables à force de perdre leur sens. À nous de les réinventer.

La nouvelle citoyenneté française à laquelle je crois repose au contraire sur une démocratie où enfin nous aurions le courage de nous dire les choses. Ne plus s'en tenir à la théorie, aux seuls concepts, aux consensus artificiels et hypocrites. Surtout ne plus se voiler la face devant la réalité. L'affronter de façon à redonner une signification concrète et quotidienne à des mots qui comptent mais qui finiraient par être vidés de tout sens à force d'être employés sans souci du réel.

La République respecte chacun dans sa différence, le traite également et lui reconnaît les mêmes droits. C'est sa spécificité, sa marque de fabrique. Je veux le redire avec force : nos compatriotes musulmans ont le droit de vivre leur religion comme tout autre citoyen croyant. Poser comme postulat que l'islam est incompatible avec la République ne reviendrait ni plus ni moins qu'à interdire à certains Français de vivre un engagement que l'on reconnaît aux autres. C'est au moins de la discrimination, au pire du racisme.

L'islam doit pouvoir se vivre pour ceux qui sont ses fidèles, publiquement, en aucun cas dans la clandestinité. Ainsi, chaque musulman se trouvera reconnu dans son identité. Il n'éprouvera plus le besoin si souvent constaté de vivre celle-ci de façon d'autant plus affirmée qu'elle lui semblait contestée. L'islam doit être dans la République, mais pas à côté !

FICHE 5

Si le droit à la religion ou, du reste, à son absence, est reconnu, il ne peut en revanche être attribué un droit à la différence dans l'application de la loi, c'est-à-dire à des lois de la République qui s'appliqueraient à géométrie variable, selon que l'on est musulman ou non. La loi est la même pour chacun, que ce soit à l'école, dans la délivrance de papiers d'identité ou au guichet d'un service public. La liberté est la règle dans la sphère privée ; la conformité républicaine l'est dans la sphère publique. Pour évident qu'il soit, ce principe ne doit subir aucune exception, être appliqué et défendu sans faiblesse. Aucune loi, aucune pratique, n'est supérieure à celle de la République, ne peut ni ne doit lui faire obstacle.

C'est au nom de ce même principe que le gouvernement a voulu rétablir l'État de droit dans tous ces espaces qui donnaient le sentiment d'avoir été abandonnés depuis longtemps. La loi du plus fort dans les cités, du plus inconscient sur la route, du plus riche en matière d'urbanisme ne peut être tolérée. Les communautés n'ont pas à assurer elles-mêmes leur défense puisque l'État est là. Les juifs de Garges-les-Gonesse n'ont pas à avoir peur d'aller à la synagogue. C'est un droit qui leur est reconnu par la République. Et justement parce qu'elle est laïque, lorsqu'un juif ou un arabe est victime de racisme ou d'antisémitisme, ce n'est pas l'affaire des juifs ou des musulmans, c'est l'affaire de la République dans son ensemble, de la communauté nationale dans son entier. C'est une tache sur le drapeau que peut brandir chacun d'entre nous.

Vivre en sécurité, c'est être reconnu en sa qualité de citoyen. L'État de droit rétabli, cela signifie que c'est la République qui, de nouveau, garantit au plus faible, au plus modeste, au plus obscur qu'il a autant de droits que les autres. Dès lors nul n'a besoin de se tourner les jours d'élection vers des partis extrêmes puisque la République a entendu l'appel au secours et surtout en a tiré les conséquences.

Et pourtant, si la loi doit être la même pour tous, cela ne signifie pas que nos perspectives individuelles et collectives ne peuvent s'inscrire que dans l'uniformité. La France est encore trop rigide. Elle ne reconnaît pas assez que, pour que chacun ait les mêmes droits, il faut accepter d'aider davantage les uns que les autres. L'unité nationale est à ce prix : tenir compte des handicaps pour donner à tous les mêmes chances. Ainsi, ce n'est pas faire injure à la République que de reconnaître à la Corse un statut particulier : elle seule cumule les trois handicaps de l'insularité, de la montagne et du sous-peuplement. Placées dans des situations analogues, d'autres régions pourraient se voir reconnaître elles aussi des règles particulières.

La République est forte quand elle accepte la différence comme une richesse et qu'elle reconnaît que les handicaps doivent être corrigés par un effort particulier. Pour rétablir l'égalité des chances, la discrimination positive est une nécessité. Mais dans une démocratie telle que nous voulons la vivre, la nouvelle citoyenneté ne crée pas des droits et des devoirs pour les seuls Français. Vis-à-vis des étrangers, notre philosophie nous oblige aussi. Aussi n'est-il pas acceptable qu'un étranger soit puni différemment pour un même délit du seul fait qu'il n'est pas français. La République – c'est sa noblesse – protège tous ceux qui vivent en son sein de façon régulière, quelle que soit leur nationalité. Voilà pourquoi je suis convaincu, pour des raisons de principe, de la nécessité de la réforme de la double peine. De la même façon, le maintien des hangars de Sangatte était une double injure républicaine. Pour ceux qui y étaient « parqués » d'abord. Mais aussi, ensuite, pour ceux qui résidaient aux alentours et qui se voyaient ainsi imposer des contraintes sans commune mesure avec celles des autres citoyens. Le respect s'impose à l'égard des uns et des autres.

Voilà bien l'enjeu d'une nouvelle citoyenneté française : tenir compte de toutes les différences qui singularisent, pour peu qu'elles s'expriment dans le même cadre, celui de la République, et que cette dernière assure à chacun l'égalité à laquelle il a droit. Mais celle-ci n'est pas une liberté abstraite : elle se conjugue au quotidien. C'est cette double obsession, de principe et de réalité, qui m'anime, qu'il s'agisse des musulmans, de la Corse ou de tout autre enjeu qui naîtra demain.

Le Monde 2, mai 2003

→ Questions

Selon l'auteur :

1. Pour quelles raisons, dans notre République, l'islam doit-il pouvoir être vécu publiquement ?
2. Peut-on reconnaître un droit à la différence dans l'application de la loi ? Pourquoi ?
3. Dans quels espaces « abandonnés » le gouvernement a-t-il voulu rétablir l'État de droit ?
4. Quel rapport entre le caïd de banlieue, le « fou du volant », le riche qui construit sans permis ?
5. Pourquoi « lorsqu'un juif ou un arabe est victime de racisme ou d'antisémitisme, ce n'est pas l'affaire des juifs ou des musulmans » ?
6. Le fait que la loi soit la même pour tous est-il synonyme d'uniformité ? Quels exemples ?
7. Pourquoi faut-il réformer la double peine ?
8. En quoi les hangars de Sangatte étaient-ils « une double injure républicaine » ?

Corrigé

Questions

Selon l'auteur :

1. Poser l'islam comme incompatible avec la République reviendrait à interdire à certains Français un engagement que l'on reconnaît à d'autres. Ce serait discriminatoire : l'islam doit pouvoir se vivre publiquement, comme les autres religions.
2. Non, les lois de la République ne peuvent être à géométrie variable. La loi est la même pour tous, à l'école, au guichet d'un service public. Aucune loi, aucune pratique, n'est supérieure à celle de la République.
3. Dans les cités, sur la route, plus largement dans des domaines où la loi du plus fort prévalait (dont l'urbanisme).
4. Tous bafouent les lois de la République et portent atteinte au principe d'égalité au nom de la loi du plus fort.
5. Parce que, dans une République laïque, c'est l'affaire de l'État et non des communautés elles-mêmes. La communauté nationale dans son entier est concernée par tout ce qui porte atteinte à la liberté, à l'égalité, à la fraternité.

FICHE 5

6 Non, pour que chacun ait les mêmes droits, il faut accepter d'aider les uns plus que les autres, compenser les handicaps. La discrimination positive est une nécessité. La Corse, par exemple, comme d'autres régions défavorisées, doit bénéficier d'un statut particulier.

7 Parce qu'il n'est pas acceptable qu'un étranger, du seul fait de sa nationalité, soit puni différemment d'un Français.

8 C'était une injure (blessure) pour ceux qui y étaient « parqués » mais aussi pour ceux qui résidaient aux alentours et se voyaient imposer des contraintes sans commune mesure avec celles subies par les autres citoyens.

Indications pour s'auto-évaluer

Lecture

Le texte compte 1 094 mots (titres compris).

Durée de lecture	Vitesse de lecture	Type de lecture	Votre profil (cochez)
30″	2 200 mots/minute	LECTURE DE SURVOL	
45″	1 460 mots/minute		
1′	1 094 mots/minute		
1′30	730 mots/minute	LECTURE TRÈS RAPIDE	
2′	550 mots/minute		
2′30	438 mots/minute		
3′	365 mots/minute	LECTURE RAPIDE	
3′30	313 mots/minute		
4′	274 mots/minute	LECTURE MOYENNE	
5′	219 mots/minute	LECTURE LENTE	
6′	182 mots/minute	LECTURE TRÈS LENTE	

Compréhension

Nombre de réponses exactes	Taux de compréhension	Votre profil (cochez)
1	12,5 %	
2	25 %	
3	37,5 %	
4	50 %	
5	62,5 %	
6	75 %	
7	87,5 %	
8	100 %	

Conseil du formateur :
« Connais-toi toi-même ! » Si vous ne parvenez pas à comprendre lorsque vous lisez vite, lisez lentement… mais ne lisez pas tout. Pour réussir à mener à bien votre synthèse, vous allez devoir décider résolument et rapidement de « laisser tomber » des informations que vous jugerez secondaires. Tout repose alors sur votre capacité à distinguer l'essentiel de l'accessoire !

FICHE 6 CONNAÎTRE LA NATURE EXACTE DE L'ÉPREUVE

FICHE 6

Nous nous approchons du travail que vous allez devoir mener pendant le temps réglementaire de l'épreuve.

Généralement, la nature même de l'épreuve que vous subissez vous permet de préjuger de la forme du sujet, même si on observe parfois quelques décalages entre type d'épreuve et sujet.

Conseil du formateur :
N'attendez pas le jour de l'épreuve pour en découvrir les règles et les exigences ! Trop de candidats subissent les épreuves sans avoir pris le soin de s'informer sur leur nature exacte. Le B-A BA, c'est de visiter le site de l'organisateur et d'« aller à la pêche » aux informations utiles.

1. Typologie

• Selon une typologie assez largement partagée par les spécialistes de la synthèse, on distingue plusieurs types d'épreuve de synthèse, dont les plus fréquemment rencontrés aux concours et examens sont :
- la note ;
- la note de synthèse ;
- la note administrative ;
- la note avec propositions ;
- le rapport ;
- le rapport avec propositions ou solutions.

• Si quelques hybrides troublent cette typologie, on peut tout de même, au vu des sujets de ces différentes épreuves, caractériser ainsi chacune de ces épreuves de synthèse :

– La **note** peut, selon le cas, être une note de synthèse ou une note administrative.
Exemple : concours externe d'attaché territorial (catégorie A)
Les sujets sont généralement des sujets de type note administrative comportant une mise en situation.

– La **note de synthèse** porte généralement sur un sujet non spécialisé, par exemple un problème de société sans caractère juridique ou administratif strict. Souvent, les sujets de la note de synthèse ne comprennent pas de mise en situation : le rédacteur (le candidat au concours) ne sait pas qui il est, ni dans quel type de collectivité ou d'établissement il exerce, ni qui lui demande de rédiger une synthèse. La commande est dans ce cas on ne peut plus simple : « Vous rédigerez une note sur… »

Exemple : concours externe de bibliothécaire territorial (catégorie A)

– La **note administrative** est fréquemment destinée à informer un supérieur hiérarchique sur des dispositions législatives ou réglementaires ayant des incidences sur le fonctionnement d'un service, d'une direction, d'un établissement. Le candidat est souvent placé dans un cadre professionnel plausible, au moyen d'une brève mise en situation qui lui permet de savoir qui il est, dans quel établissement, collectivité, direction, service… il exerce, à qui est destinée la note administrative, en vue de quelle utilisation.

Il est fréquent que les notes administratives soient « spécialisées », c'est-à-dire que le candidat doive, au moment de son inscription, choisir une option (par exemple finances publiques, ou droit public, ou action sociale, ou droit civil), souvent dotée d'un programme. Cela ne signifie pas pour autant que le candidat ait, pour traiter le sujet, à faire appel à des connaissances non incluses dans le dossier. L'existence d'un programme borne le champ des thèmes qu'exploiteront les sujets et permet aux candidats d'arrêter leur choix d'option en fonction de leur degré de familiarité avec tel ou tel programme.

Exemple : concours interne de secrétaire d'administration scolaire et universitaire (catégorie B)

– La **note avec propositions** comporte deux temps nettement distincts : celui de la synthèse à proprement parler, effectuée à l'aide des seuls éléments au dossier, suivi de celui des propositions, qui peuvent pour partie se fonder sur les éléments au dossier mais qui requièrent également une mobilisation de connaissances personnelles.

Exemples :

– concours externe et interne d'ingénieur territorial (catégorie A)

– examen d'attaché principal territorial (catégorie A)

– Le **rapport**, enfin, constitue généralement, pour un destinataire clairement identifié, un outil d'aide à la décision. Sauf prescription contraire, le candidat n'a pas, pour traiter le sujet, à faire appel à des connaissances non incluses dans le dossier, mais il lui faut valoriser les informations du dossier de telle manière qu'elles aident le destinataire à prendre une décision.

Exemples : certains concours d'accès aux premiers grades de cadres d'emplois de catégorie B de la fonction publique territoriale (comme les concours interne et troisième concours de technicien territorial : rapport technique par spécialité)...

– Le **rapport** avec propositions ou solutions
Très proche de la note avec propositions, il est un outil d'aide à la décision qui requiert du candidat, outre une valorisation synthétique des éléments du dossier nécessaire pour éclairer les enjeux et le cadre juridique, qu'il élabore, non seulement à l'aide du dossier, mais aussi avec ses propres connaissances, des propositions ou des solutions adaptées au contexte précisé dans la commande.
Exemple : concours interne et troisième concours d'attaché territorial.

2. Les autorités organisatrices

• En toute hypothèse, vous devez, en amont du concours ou de l'examen auquel vous vous portez candidat, vous informer sur la nature exacte de l'épreuve de synthèse que vous allez le cas échéant subir.
Au-delà de son intitulé réglementaire (par exemple, celui de « note éventuellement assortie de propositions »), consultez, lorsqu'ils existent, les **cadrages des épreuves** mis en ligne par les autorités organisatrices, ainsi que les sujets d'annales, voire les « sujets 0 » qui permettent de prendre l'exacte mesure d'une épreuve inédite à partir d'un sujet qui sert de modèle aux sujets des sessions à venir.

• Parmi les **sites des autorités organisatrices de concours**, citons :
– les sites des **centres de gestion de la fonction publique territoriale** – organisateurs de la quasi-totalité des concours d'accès à la fonction publique territoriale – départementaux à l'exception de deux d'entre eux, le centre interdépartemental de gestion (CIG) de la grande couronne (www.cigversailles.fr) et le centre interdépartemental de gestion (CIG) de la petite couronne (www.cig929394.fr). Les adresses de tous ces centres sont répertoriées sur le site de la Fédération nationale des centres de gestion (www.fncdg.com), rubrique « Annuaire des cdg », avec un menu déroulant par département.
Sur le site du CIG de la petite couronne , la rubrique « concours » en haut de la page d'accueil donne accès à une rubrique « se préparer ». Un menu déroulant par catégorie, filière et grade, donne accès aux sujets d'annales, à des sujets 0, aux rapports des présidents de jury, aux « notices » de présentation des concours et examens. Il donne aussi accès à la collection des annales corrigées des concours, éditées par la Documentation française, qui développent des cadrages très précis des différentes épreuves.

Vous découvrirez également sur le site du CIG de la petite couronne, comme sur d'autres sites de centres de gestion, tous les cadrages indicatifs nationaux des épreuves des concours et examens transférés du CNFPT.

Le centre de gestion de la fonction publique territoriale du Rhône et de la métropole de Lyon met en ligne sur son site (www.cdg69.fr) non seulement des cadrages nationaux d'épreuves mais aussi des sujets intégraux d'annales. Vous pourrez ainsi constater par exemple que l'épreuve de note du concours externe d'ingénieur territorial a été cadrée par les centres de gestion comme une note assortie de propositions, la partie « note » étant évaluée sur 8 points et la partie « propositions » sur 12 points ;

– le site **www.fonction-publique.gouv.fr**, permet, à partir de la rubrique « Base de données », d'accéder à un menu déroulant par administration, catégorie et type de concours qui donne accès aux sites des différentes autorités organisatrices comportant très fréquemment des annales.

Astuce du candidat :

Une quinzaine de jours avant l'épreuve, j'ai appelé l'organisateur du concours. Il m'a indiqué très précisément où je pouvais trouver le cadrage de l'épreuve et des sujets d'annales qui m'ont bien aidé. J'ai failli passer à côté... et, sans cela, j'aurais sûrement échoué !

J'ai aussi trouvé dans le rapport établi par le président du jury de la session précédente des remarques très utiles sur les principaux défauts des copies.

FICHE 7 ANALYSER LA MISE EN SITUATION ET LA COMMANDE

La note administrative et le rapport comprennent très fréquemment une **mise en situation** dont l'analyse peut vous mettre sur la voie de quelques pistes « incontournables » pour bien traiter le sujet.
Cette mise en situation est suivie d'une **commande**.

Nous reproduisons ci-après les « libellés » (première page précédant le dossier dont la synthèse est demandée) de plusieurs épreuves de synthèse, en nous intéressant à la **mise en situation** plus ou moins explicite qu'ils contiennent, ainsi qu'à la **commande** (vous rédigerez une note de synthèse, un rapport sur…). Pour faciliter l'analyse, nous introduisons dans les « libellés » les mentions « mise en situation » et « commande » qui ne figurent évidemment pas dans les « libellés » originaux.

Exemple 1

Mise en situation

« Le directeur général des services du département dans lequel vous exercez vos fonctions doit animer une table ronde à l'occasion d'un colloque consacré à "L'administration aujourd'hui". Y participeront des personnes de tous horizons et notamment des acteurs de la collectivité. »

Commande

« Afin de préparer cette rencontre, il vous demande de rédiger, à partir du dossier joint, une note consacrée aux problématiques actuelles du service public. »

Analyse

- La **mise en situation** attire votre attention sur la pluralité des acteurs concernés par la question de « l'administration aujourd'hui ». « Les acteurs de la collectivité » désigne les fonctionnaires territoriaux employés par le département, mais la pluralité des acteurs met sur la voie d'un partenariat – concept « passe-partout » mais mobilisable pour traiter de nombreux sujets – avec d'autres acteurs publics comme privés.

- La **commande**, qui va déterminer l'**objet** de la synthèse, contient le concept souvent mal compris mais pourtant riche de sens de « problématique », que Le Robert définit comme « l'art de poser des problèmes ».
Problématiser, c'est « faire surgir du sujet une série de questionnements et de problèmes articulés entre eux ». Ce terme invite à une approche exhaustive des différents problèmes auxquels le service public est aujourd'hui confronté ou que pose le service public aujourd'hui, sans occulter les solutions possibles à ces problèmes. Le concept met ainsi sur la piste d'un plan « passe-partout » mais souvent fécond du type « constat/remède » ou « problèmes/solutions », voire, plus finement, « problèmes/solutions // problèmes irrésolus/nouvelles solutions ».

Exemple 2

Mise en situation

« Vous êtes en poste à la commune de X (située dans le sud-ouest de la France), qui compte 7 500 habitants et une centaine d'agents. »

Commande

« Suite à de nombreuses demandes d'élus du conseil municipal mais aussi du personnel, le maire vous demande de rédiger à son attention, à l'aide des seuls éléments du dossier ci-joint, une note sur la mise en œuvre du principe de laïcité par les services publics communaux. »

Analyse

- La **mise en situation** contient des indications démographiques auxquelles il convient d'être attentif : il est précisé que la commune de X compte 7 500 habitants et une centaine d'agents.
S'agissant d'une note qui n'est pas assortie de propositions, cette indication du nombre d'habitants ne serait déterminante que si un dispositif ou une mesure évoqués dans le dossier voyaient leur applicabilité liée à un seuil démographique. Ce n'est, de manière assez évidente, pas le cas ici. Pour autant, on restera attentif à la précision sur le nombre d'agents de la collectivité lorsqu'on abordera des éléments du dossier reposant sur des expériences locales dont on vérifiera alors si elles sont transposables à la commune de X.

- La **commande** est claire, mais il convient de la garder constamment en tête pour ne pas se perdre dans une approche trop juridique du principe de laïcité : c'est bien de **la mise en œuvre** du principe de laïcité qu'il s'agit.

On doit être également attentif à la signification de l'expression « mise en œuvre par les services publics communaux » : il n'est pas écrit « dans les services communaux », ce qui limiterait le sujet à l'organisation et à la gestion des services, mais bien « par », ce qui étend le champ à la relation des services avec leurs usagers tout en incluant le fonctionnement des services.
Cette analyse du « par » s'avère ainsi structurante puisqu'elle révèle deux approches de la mise en œuvre qui peuvent s'inscrire dans deux parties différentes : une mise en œuvre au sein des services et une mise en œuvre par les services dans leurs relations avec les usagers.
Cette structure peut être traversée par les axes très classiques : Principes / Mise en oeuvre / Limites, ce qui peut par exemple aboutir au plan suivant, qu'il conviendra évidemment de confronter au contenu du dossier : un principe complexe / qui doit d'abord être inscrit (prendre corps) dans les services communaux // Un principe qui régit également les relations des services avec leurs usagers / une mise en œuvre parfois difficile.

Exemple 3

Mise en situation

« Le maire de votre commune souhaite apporter des solutions durables en matière de gestion des transports dans la ville, enjeu essentiel de la politique municipale. »

Commande

« Il vous demande de lui adresser une note d'information sur ce problème, sachant que cette commune de 60 000 habitants est située en zone rurale. »

Analyse

- La **mise en situation** est ici moins précise que dans les exemples précédents, mais on y retrouve le concept riche de sens d'« enjeux ».

- La **commande** comprend par ailleurs une indication sur l'importance démographique de la commune « située en zone rurale », ce qui invite à valoriser les informations au dossier correspondant à cette strate démographique et à cette situation géographique.

Exemple 4

Mise en situation

« Grandes surfaces, commerces de proximité, centre-ville, périphérie… les questions, mais aussi les évolutions sont multiples dans ce domaine.
Avant d'engager une opération importante en matière d'urbanisme commercial,

Commande

le maire de la commune de Bonita souhaite connaître les tendances actuelles, les évolutions, les innovations. »

Analyse

- La **mise en situation** permet de prendre la mesure des réalités urbaines concernées par l'urbanisme commercial : on voit facilement se dessiner la question de la survie du commerce de proximité en centre-ville, concurrencé par les grandes surfaces implantées en périphérie. Un constat de la situation actuelle paraît s'imposer.
- En même temps, la **commande** invite à mettre en valeur des évolutions, des innovations : s'agit-il de nouveautés législatives et réglementaires qui cherchent à modifier la donne ? Si oui, quels en sont les résultats ? Ou s'agit-il de changements dans le comportement des consommateurs ?

Exemple 5

Mise en situation

« En tenant compte de la situation délicate dans certains quartiers de la commune (ici dénommée Anima), la municipalité envisage de mettre en place un réel accompagnement éducatif pour lutter contre l'échec scolaire, source d'exclusion et de difficultés sociales.
En tant qu'attaché territorial chargé de projets et de développement associatif, vous êtes chargé d'organiser une réunion portant sur la réussite éducative, avec les élus, les partenaires associatifs et les représentants des comités de quartiers. »

Commande

« Vous rédigerez un rapport faisant une présentation du dispositif "la réussite éducative" et mettant en valeur certaines initiatives, afin de susciter des projets locaux contribuant à lutter contre l'échec scolaire. »

Analyse

• Avant même l'exploitation du dossier, la **mise en situation** laisse percevoir le dispositif « réussite éducative » comme un moyen de lutter contre l'échec scolaire au moyen d'un accompagnement éducatif. Un descriptif précis du dispositif paraît s'imposer, éclairé, comme la **commande** l'indique, par des initiatives. Sans doute sera-t-il nécessaire de souligner également les difficultés rencontrées, sous réserve que les informations du dossier le permettent, et les moyens de les surmonter. La dimension partenariale du dispositif, qui doit sans doute être valorisée comme une des conditions de réussite, est également clairement soulignée par la mise en situation.

• On perçoit ainsi que les premières minutes de l'épreuve peuvent être très utilement consacrées à l'analyse de la mise en situation, lorsqu'elle existe, et de la commande : cette brève analyse (qui permet, accessoirement – on le verra dans la **fiche 24** – de satisfaire aux règles formelles de présentation de la copie de synthèse) permet fréquemment de discerner un ou plusieurs « incontournables » du sujet, qui pourront parfois constituer une ou plusieurs sous-parties de la synthèse, voire d'aller jusqu'à un projet de plan (par exemple un plan du type « bilan / perspectives »).
On reviendra sur la nécessité de trouver un plan le plus tôt possible dans l'épreuve dans les **fiches 10, 11 et 12**.

Remarque du formateur :
Il convient toujours d'être très attentif à la mise en situation : parfois, elle contient des éléments essentiels pour honorer la commande. C'est notamment le cas lorsqu'elle permet de comprendre que le destinataire souhaite une aide à la décision.
À l'inverse, elle n'est parfois là que pour donner une apparence d'authenticité à l'exercice et permettre de satisfaire aux exigences formelles de présentation.

FICHE 8 REPÉRER LES SOURCES

Avant d'aller plus avant dans la recherche d'un plan, une rapide **analyse des sources** des documents du dossier, généralement mentionnées en première page du sujet, peut également vous livrer des indications utiles avant l'exploitation du dossier.

1. Les différents types de documents

• S'il arrive que des dossiers soient « monosources », au sens où ils ne contiennent qu'un type de document (par exemple uniquement des documents juridiques ou uniquement des articles de presse), voire des documents qui puisent tous à la même source (par exemple des articles tous issus du même périodique), les documents sont généralement de sources variées.

• On trouve ainsi fréquemment dans les dossiers :
– des **documents juridiques** : loi, décret, arrêté, circulaire ; décision jurisprudentielle (tribunal administratif, Conseil d'État…) ;
– des **documents officiels** (rapports) ;
– des **articles de presse spécialisée** (revue juridique, économique, technique…) ;
– des **articles de presse généraliste** (quotidien d'information générale) ;
– des extraits d'**ouvrages**.

2. L'analyse de la composition du dossier

• L'analyse de la composition du dossier peut vous permettre à la fois de repérer **un (ou des) axe(s) essentiel(s) du sujet** (par exemple la dimension économique d'une question dont la mise en situation et la commande ne laissaient percevoir que le caractère juridique, ou la dimension juridique d'un problème politique) et d'adopter une stratégie d'exploitation du dossier que la lecture de survol de celui-ci vous incitera à valider ou à invalider.

• L'expérience des dossiers de synthèse vous permettra de mesurer que les dossiers comportent des documents appartenant aux types suivants (ce qui ne signifie pas pour autant que chacun des types soit présent dans chaque dossier) :
– le document qui semble directement permettre de répondre à la demande ou à une partie importante de la demande : on parle alors de « **document pivot** » ;

– celui qui n'en aborde qu'un aspect et apporte un complément d'information sur cet aspect particulier : c'est le **document complémentaire** ;
– celui qui **illustre** le sujet : article ou reportage sur telle ou telle réalisation ou mise en œuvre ;
– celui qui est **périphérique** : il ne concerne pas directement la demande, mais constitue un élément de compréhension du sujet ; il sert souvent pour l'introduction ;
– celui qui est **hors sujet** : c'est assez exceptionnel, mais de larges parties d'un document peuvent être hors sujet.
Plusieurs articles peuvent remplir la même fonction : on parlera d'articles **redondants**. Après s'en être assuré, on sélectionnera celui qui se prête le mieux à la synthèse et on parcourra très rapidement les autres.

• Il n'est en effet pas rare qu'un dossier comporte un **document pivot**, entendu comme le document essentiel du dossier, au sens où il est celui des documents qui fournit le plus grand nombre d'informations pertinentes pour honorer la commande. C'est évidemment, s'il existe et si vous le repérez, par l'exploitation de ce document pivot que vous aurez intérêt à commencer l'utilisation du dossier.

• Si le dossier comporte des **documents juridiques**, on aura généralement intérêt à commencer par la circulaire qui précise les modalités d'application de la loi ou du décret : dans la plupart des cas, les informations de la circulaire dispenseront d'utiliser celles de la loi ou du décret qui seraient redondantes (ce qu'il faudra tout de même vérifier !).

• Si le dossier comporte des documents juridiques et un (ou des) **article(s) issu(s) d'une revue juridique**, commencez par les articles juridiques qui présentent le dispositif à étudier et ne vous reportez qu'ensuite aux documents juridiques, si certaines informations vous manquent pour bien comprendre l'article ou les articles juridique(s).

• C'est d'ailleurs souvent, s'agissant de synthèse à caractère juridique, dans les documents commentant les documents juridiques que l'on trouvera le **document pivot**, qui fournit le maximum d'informations éclairantes sur le sujet.

• Dans la **presse généraliste**, on trouve fréquemment des approches problématiques de la question faisant l'objet de la synthèse.

• Les **titres** et les **dates** des documents peuvent par ailleurs permettre une première approche problématique du sujet :
– il n'est pas rare que les seuls titres des documents vous donnent déjà une idée de sous-partie, voire plus ;
– les dates peuvent être également très éclairantes : si des articles sont antérieurs à la création d'une institution, à l'instauration d'un dispositif, il y a tout lieu de penser qu'on va y trouver une analyse des causes de la réforme. À l'inverse, des articles postérieurs à une réforme en dresseront souvent un bilan.

FICHE 9 EXPLOITER LES SOURCES

Nous vous proposons dans cette fiche des exemples d'analyses tirées des sources des documents.

Exemple 1

Concours externe d'attaché territorial, épreuve de note, session 2014, spécialité gestion du secteur sanitaire et social.
(L'intégralité du sujet traité ci-dessous est notamment disponible sur le site www.cdg69.fr, rubrique « sujets ».)

Énoncé

« Vous êtes attaché territorial, responsable du CCAS de la commune d'Alpha. Le Maire, nouvellement élu, également Président du CCAS et Vice-Président de la Communauté d'agglomération, souhaite mener une réflexion globale en matière d'action sociale afin de lancer des projets innovants en partenariat avec tous les acteurs concernés, conciliant dynamique économique et renforcement du lien social.
Aussi, le Maire vous demande de rédiger à son attention une note sur l'économie sociale et solidaire et en particulier les liens entre collectivités territoriales (et établissements publics locaux) et économie sociale et solidaire.
Vous rédigerez cette note exclusivement à l'aide des éléments du dossier. »

Documents joints

- Document 1 : Qu'est-ce que l'économie sociale et solidaire (extraits)
CEDEF (Centre de documentation économie, finances) – Portail de l'Économie et des Finances – site internet mis à jour le 4 août 2014
- Document 2 : L'économie sociale et solidaire au service d'un projet de territoire (extraits)
Patrick Loquet – Dossier d'experts de la Lettre du cadre territorial – janvier 2004
- Document 3 : Quand l'économie sociale et solidaire gagne les collectivités locales
Éric LARPIN – Fiches pratiques Politique et Communication – Fiches pratiques de la Lettre du cadre territorial – n° 89 – mai 2007
- Document 4 : Le développement de l'économie sociale et solidaire dans les collectivités

Portail du ministère de l'économie et des finances wwww.economie.gouv.fr – dernière mise à jour le 2 avril 2013

• Document 5 : Les services à la personne : un secteur identifié à l'économie sociale et solidaire
Portail du ministère de l'économie et des finances http://www.economie.gouv.fr – 14 novembre 2012

• Document 6 : Économie sociale et solidaire et collectivités locales, note de cadrage (extraits)
Annabelle BOUTET – Les notes Etd – le centre de ressources du développement territorial – avril 2013

• Document 7 : L'ESS ne doit pas être isolée, mais un partenaire de tous les projets
Lettre d'information du réseau des collectivités territoriales pour une économie solidaire – janvier 2014

• Document 8 : ESS : les associations en « pôle » position (extraits)
Fatou SEYE – Associations mode d'emploi – N° 143 – novembre 2012

• Document 9 : Appel à projets 2014 (extrait)
Pays de Brest – 2014

• Document 10 : Une société coopérative d'intérêt collectif au service de la dépendance
Banque d'expériences de l'action sociale locale – UNCASS – dernière mise à jour le 15 mai 2014

• Document 11 : Les politiques locales de l'ESS à la croisée des chemins (extraits)
Laurent FRAISSE – Journal du Mauss – 11 mars 2010

• Document 12 : Économie sociale et solidaire : une politique encore en quête de légitimation
Agnès TOUVENOT – La Gazette des communes – 15 novembre 2013

• Document 13 : L'économie sociale et solidaire, un modèle économique à part entière, apportant des réponses aux besoins de nos territoires
Déclaration commune des réseaux des collectivités locales signée au Sénat – 5 mars 2013

• Document 14 : Projet de loi relatif à l'économie sociale et solidaire
Étude d'impact (extraits), Sénat – site internet du Sénat – 24 juillet 2013

• Document 15 : Loi n° 2014-856 du 31 juillet 2014 relative à l'économie sociale et solidaire
Journal officiel du 1er août 2014 (extraits)

• Document 16 : La loi ESS est publiée
Jean-Marc JOANNES – La Gazette des communes – site internet laGazette.fr – 25 août 2014

Analyse

• L'analyse des sources permet de discerner assez facilement que le dossier est essentiellement composé d'articles de presse spécialisée : presse spécialisée collectivités territoriales d'une part (*Lettre du cadre territorial, Gazette des communes*), presse spécialisée économique et sociale.

• On trouvera très certainement dans ces documents d'une part des expériences locales à valoriser, d'autre part une approche plus conceptuelle de l'économie sociale et solidaire.

• On repère également très aisément un document juridique, un extrait de la loi n° 2014-856 du 31 juillet 2014 relative à l'économie sociale et solidaire, accompagné d'un document d'information sur cette loi.

• Les dates des documents sont également éclairantes : la loi est, à une ou deux exceptions près, le document le plus récent du dossier. La logique de constitution de ce dernier n'est donc pas celle d'une évaluation d'un dispositif juridique (si tel était le cas, la loi serait antérieure à la plupart des autres documents du dossier qui en présenteraient la mise en œuvre et, vraisemblablement, le bilan) mais de pratiques régulées par une loi.

• Ainsi, la seule analyse, rapide, des sources permet déjà de repérer deux ou trois axes (analyse que l'on peut bien évidemment conforter en se servant des titres des documents) : l'économie sociale et solidaire est un concept / mis en œuvre depuis plusieurs années par les collectivités territoriales / Il est désormais inscrit dans la loi.

• Il faudra aller plus loin dans l'exploitation du dossier pour trouver la sous-partie manquante, si l'on se satisfait des trois axes qu'on vient d'identifier : pourquoi une loi ? Pour faciliter le développement de l'économie sociale et solidaire ? Pour en limiter les dérives possibles ?

• De plus, le dossier devrait permettre de qualifier le concept « économie sociale et solidaire » : novateur ? traditionnel ? essentiellement économique ? économique et social ?

Exemple 2

Concours externe d'attaché territorial, épreuve de note, session 2014, spécialité animation.
(L'intégralité du sujet traité ci-dessous est notamment disponible sur le site www.cdg69.fr, rubrique « sujets ».)

Énoncé

« Vous êtes attaché territorial d'Alpha, commune de 60 000 habitants qui comprend plusieurs quartiers en zone prioritaire.
Le Maire souhaite permettre aux habitants de participer plus largement à la vie de la cité.
Le directeur général des services vous demande de rédiger à son attention, une note sur la participation des habitants dans le cadre de la politique de la ville.
Vous rédigerez cette note exclusivement à l'aide des éléments du dossier. »

Documents joints

- Document 1 : La participation des habitants : trois pistes pour rénover la politique de la ville
Centre d'analyse stratégique – La note d'analyse n° 278 – septembre 2012
- Document 2 : L'« empowerment », nouvel horizon de la politique de la ville
Sylvia Zappi – Le Monde – 7 février 2013
- Document 3 : Observation des quartiers prioritaires de la politique de la ville, quelle place pour les habitants ? (extraits)
RésO Villes – avril 2013
- Document 4 : Des citoyens de seconde zone ? Relations habitants/institutions : une question de reconnaissance.
Rapport national « On voudrait entendre crier toutes les voix de nos cités, Parole des habitants des quartiers en politique de la ville » (extraits) – Centres sociaux, Question de ville – juillet 2012
- Document 5 : L'impératif participatif dans la politique de la ville en France et à l'étranger (extraits)
Intervention d'Anne Bousquet, représentante du Groupe de travail inter-quartiers (collectif d'habitants de Lyon la Duchère) – Centre d'analyse stratégique, Conseil national des villes – juillet 2011
- Document 6 : Marion Carrel : « À Lille comme ailleurs, la politique de la ville fait l'objet de fortes critiques »
La Voix du Nord – 27 novembre 2013

- Document 7 : Synthèse « Pour une réforme radicale de la politique de la ville (extraits) – Ça ne se fera pas sans nous »
Rapport au Ministre délégué chargé de la ville – M. Hélène Bacqué, M. Mechmache – juillet 2013
- Document 8 : Habitants des quartiers populaires (extraits)
QuARTiers – janvier 2012
- Document 9 : « Observation des territoires de la politique de la ville en Bretagne et Pays de la Loire » (extrait)
RésO Villes – 2012

Analyse

- Ici, les sources sont moins « parlantes » que dans l'exemple précédent. Elles mettent toutefois sur la piste de grands axes confortés par la lecture des titres.
- Deux documents officiels (Rapport national / Rapport au ministre délégué chargé de la ville) dressent vraisemblablement un constat et formule sans doute des préconisations.
- Des articles spécialisés dans les questions de la politique de la ville.
- Deux articles de presse d'information générale (*La Voix du Nord / Le Monde*) mettent sur la piste d'une approche problématique du sujet : la participation des habitants à la politique de la ville est sans doute loin d'être acquise…
- Ces analyses orientent ainsi vers un plan du type : constat/remèdes.
- L'exploitation du dossier sera évidemment indispensable pour affiner ce plan basique et structurer en deux sous-parties chacune des deux parties. Le plan pourrait par exemple être le suivant : les habitants participent à la politique de la ville / mais cette participation est très insuffisante / Des pistes pour développer cette participation méritent d'être explorées / mais ne tiendront leurs promesses que sous certaines conditions.

REMARQUE DU FORMATEUR :
Lorsque je regarde des stagiaires s'entraîner ou des candidats « plancher », j'observe qu'ils se jettent sur le dossier dans les toutes premières minutes de l'épreuve sans prendre le temps d'analyser suffisamment ce qui leur est demandé et sans aucun temps de discernement des sources potentiellement les plus utiles pour répondre à la commande.

FICHE 10 TROUVER UN PLAN À PARTIR DE LA COMMANDE ET DES TITRES

ASTUCE DU CANDIDAT :
Avant toute chose, j'essaye de trouver un plan, même bateau, à partir de la première page du sujet.
Quand je « tombe sur un sujet » dont la commande ne m'aide pas à trouver un plan, je me sers des titres des documents.
Depuis que j'ai compris cela, j'arrive enfin à « boucler » ma synthèse dans les temps.

- L'analyse préalable du « libellé » du sujet, avant l'exploitation du dossier, ne saurait se limiter à celle de la mise en situation et de la commande.
Elle mérite d'être prolongée par celle des **titres des documents**, fréquemment reproduits en première page du sujet.

- Si, pour plus de clarté, nous avons ici dissocié l'analyse de la mise en situation et de la commande de celle des sources et des titres, il est évident que, le jour de l'épreuve, vous vous livrerez simultanément à toutes ces analyses afin de discerner tant les grands axes qui vont structurer votre synthèse que l'ordre d'exploitation des documents au dossier.

- On peut évidemment rêver que de cette analyse surgisse « tout armé » le plan de la synthèse. C'est malheureusement loin d'être toujours le cas, mais on va voir, à partir d'exemples, que ce travail préalable n'est jamais inutile et qu'il permet parfois d'aller très loin dans une intention de plan. C'est donc, en toute hypothèse, du temps bien investi. On voit trop de candidats « se précipiter » dans le dossier dès les premières secondes de l'épreuve et entamer à l'aveugle une prise de notes au fil du dossier qui risque fort de s'avérer pour partie improductive si un premier discernement de l'essentiel attendu n'a pas été mis en œuvre.

Exemple 1

Énoncé

« Vous avez été engagé(e) comme attaché territorial dans la commune péri-urbaine de Laurelle, pour coordonner l'animation socio-culturelle.
Ayant constaté un fort taux d'abstention aux dernières élections, notamment chez les jeunes, le conseil municipal souhaite engager des actions d'éducation à la citoyenneté.

L'adjoint(e) au maire chargé(e) du secteur jeunesse et éducation vous demande de lui préparer une note, destinée à nourrir la réflexion des élus, à apporter des propositions d'actions et de projets concrets et adaptés, et à faciliter, pour les décideurs et les partenaires, la définition d'orientations pour les politiques d'animation dans la commune. »

Documents joints

- Document 1 : La citoyenneté entre crise et utopie (Dossiers et documents, *Le Monde*)
- Document 2 : L'absention gagne les classes moyennes (*Le Monde diplomatique*)
- Document 3 : Identité nationale et citoyenneté européenne (Dossiers et documents, *Le Monde*)
- Document 4 : Quelles citoyennetés ? (*Sciences humaines*)
- Document 5 : S'exprimer et agir dans la cité (*Le Journal de l'animation*)
- Document 6 : Associations pour la citoyenneté (*Le Journal de l'animation*)
- Document 7 : Aux urnes, citoyens (*Le Journal de l'animation*)
- Document 8 : À l'aventure, citoyens (*Le Journal de l'animation*)
- Document 9 : Quelques expériences de terrain (*Le Journal de l'animation*)

Analyse

- La **commande** est explicite : la note demandée porte sur des actions d'éducation à la citoyenneté. Plus précisément, elle doit « nourrir la réflexion » et « faciliter la définition d'orientations pour les politiques d'animation » tout en « apportant des propositions d'actions et de projets concrets et adaptés », clairement définies comme « des actions d'éducation à la citoyenneté ».
La commande laisse également percevoir le rôle de partenaires dans la définition d'orientations, et sans doute dans leur mise en œuvre.

- La composition même du dossier laisse apparaître **deux familles de documents**, ceux qui s'inscrivent dans une réflexion large sur la citoyenneté (Dossiers et documents du *Monde*, *Le Monde diplomatique*, *Sciences humaines*) et ceux dans lesquels on trouvera des propositions d'actions.

- Un plan binaire du type **constat (ou diagnostic)-remèdes** paraît pertinent.
Peut ainsi légitimement prendre place dans cette note en première partie une analyse de la crise de la citoyenneté aujourd'hui (documents 1 et 2), dont il conviendra de décider en fonction du contenu des documents si elle occupe toute une partie (La crise de la citoyenneté [A] que traduit l'abstention croissante [B]) ou si elle s'inscrit dans une seule sous-partie sur la crise de la citoyenneté comprenant l'abstention.

FICHE 10

Dans cette seconde hypothèse, la crise de la citoyenneté pourrait être placée en regard de la prise de conscience d'une citoyenneté européenne :
La citoyenneté connaît aujourd'hui une crise (A) alors même qu'elle s'ouvre à une dimension européenne (B).
Il est également possible que le document 1, qui traite à la fois de la crise et de l'utopie, et le document 4 permettent un (B) plus large que la seule citoyenneté européenne :
La citoyenneté traverse aujourd'hui une crise grave (A) tout en se cherchant un avenir (B).
Reste alors à organiser la seconde partie, autour d'**actions citoyennes** : un des axes incontournables sera l'acteur associatif (document 6). Les titres permettent de concevoir une typologie des actions autour de deux axes, des actions dont l'objectif est d'accroître la participation aux scrutins (document 7), et des actions qui visent à développer la citoyenneté locale (documents 5 et peut-être 8).
Deux articulations sont possibles à partir de là.
Première articulation : *ce constat invite à proposer des actions qui encouragent la participation aux scrutins (A) et qui rendent les jeunes acteurs dans la cité (B).*
Deuxième articulation : *ce constat invite à proposer des actions qui rendent les jeunes citoyens et acteurs dans la cité (A) grâce aux partenaires associatifs (B).*

Exemple 2

Concours externe d'attaché territorial, épreuve de note, session 2011, spécialité administration générale.
(L'intégralité du sujet traité ci-dessous est notamment disponible sur le site www.cdg69.fr, rubrique « sujets ».)

Énoncé

« Attaché territorial, vous êtes en poste à la commune de X, qui compte 106 000 habitants.
Dans le cadre de la réflexion sur les discriminations liées au sexe, le Maire vous demande de rédiger à son attention, à l'aide des seuls éléments du dossier ci-joint, une note sur l'égalité professionnelle entre les femmes et les hommes dans la fonction publique territoriale. »

Documents joints

- Document 1 : « L'égalité professionnelle : une ambition collective »
La Lettre du cadre territorial n° 409, 15 octobre 2010

• Document 2 : Article 6 bis de la loi n° 83-634 du 13 juillet 1983 portant droits et obligations des fonctionnaires

• Document 3 : Cour de justice des communautés européennes (CJCE), 6 juillet 2000,
Katarina Abrahamsson et Leif Anderson contre Elisabet Fogelqvist ; Affaire C-407/98, Recueil de jurisprudence (extraits)

• Document 4 : Alinéa 3 du préambule de la Constitution du 27 octobre 1946

• Document 5 : Articles 1er et 2 de la loi n° 2008-496 du 27 mai 2008 portant diverses mesures d'adaptation au droit communautaire dans le domaine de la lutte contre les discriminations

• Document 6 : Observatoire de l'emploi des métiers et des compétences de la fonction publique territoriale
Synthèse n° 30, janvier 2010

• Document 7 : L'égalité professionnelle homme-femme dans la fonction publique
Françoise Guégot, Rapport au président de la République, janvier 2011 (extraits)

• Document 8 : « Discrimination dans l'emploi. Analyse comparative de la jurisprudence du Conseil d'État et de la Cour de cassation »
Lucie Cluzel-Metayer et Marie Mercat-Bruns, Collection Études et recherches, éd. La Documentation française, 2011, p. 53

• Document 9 : « Pourquoi les politiques publiques sont-elles si peu suivies d'effets ? »
Françoise Milewski et Hélène Périvier, Les discriminations entre les femmes et les hommes, Les Presses de Sciences Po, 2011, p. 355-356

• Document 10 : « Discrimination positive » par Gwénaële Calvès
Dictionnaire des Droits de l'Homme, Joël Andriantsimbazovina et al., Presses universitaires de France, 2008, p. 294-295

• Document 11 : « Dossier Emploi public. Vigilance accrue sur les discriminations »
La Gazette des communes, 15 mars 2010, p. 22 et 24-25

• Document 12 : « Liberté Inégalité Fraternité – Intégrer l'égalité professionnelle femmes-hommes dans la fonction publique territoriale »
Évelyne Boscheron, rapport remis au Conseil supérieur de la fonction publique territoriale, décembre 2005, p. 28-29

• Document 13 : Conseil d'État, 22 juin 2007, n° 288206, M. A. (extraits)

- Document 14 : « Prévention des discriminations et promotion de l'égalité dans les ressources humaines. Que répondent les collectivités territoriales à la Halde ? »
Guide de la Haute Autorité de Lutte contre les Discriminations et pour l'Égalité, 2010, p. 29-32
- Document 15 : « La lutte contre les discriminations : loi n° 2008-496 du 27 mai 2008 »
Laurence Péru-Pirotte, Semaine juridique – Social, n° 23, 3 juin 2008, 1314 (extraits)

FICHE 10

Analyse

- Sur le fond, il convient toujours d'être attentif aux indications démographiques portées dans la commande : le nombre d'habitants de la ville de X (106 000 habitants) y est précisé, et l'on doit avoir cette donnée en tête en exploitant les documents du dossier au cas où cette « strate » déterminerait l'applicabilité de telle ou telle disposition juridique. Il s'avère en l'espèce que ce n'est pas le cas, les mêmes règles s'appliquant à l'ensemble des employeurs publics. Cette précision n'influe donc en aucune manière sur le traitement du sujet.

- L'objet de la note est sans aucune ambiguïté : la note doit être consacrée à l'égalité professionnelle entre les hommes et les femmes dans la fonction publique territoriale. Si les règles applicables à la fonction publique territoriale sont également valables dans les autres fonctions publiques (au premier rang desquelles la fonction publique d'État et la fonction publique hospitalière), on sera particulièrement attentif dans le traitement du sujet à privilégier toutes les données qui concernent particulièrement la fonction publique territoriale.

Les titres sont-ils signifiants ?

Ce rapide examen préalable des titres portés dans le sommaire du dossier avant la lecture de survol et l'exploitation de celui-ci a pour seul objet de permettre de discerner de grands axes de nature à aider à la construction du plan. Il est possible que le contenu réel des documents s'avère différer pour partie de celui que les titres suggéraient, mais cela est sans réelle importance dans la mesure où l'unique objet de cette analyse est de parvenir à un plan.

• Si certains titres apportent peu d'informations parce qu'ils reprennent les termes mêmes de la commande, on sera attentif aux concepts et aux expressions :
– « ambition collective », « vigilance accrue sur les discriminations » ;
– « politiques publiques si peu suivies d'effets ».

• Ces titres, au-delà de la tonalité fortement juridique du dossier, attirent l'attention sur le fait que l'inscription dans la réalité de l'égalité hommes-femmes affirmée par les textes est loin d'aller de soi. On devra ainsi se garder d'une approche exclusivement juridique de la question qu'il conviendra d'aborder en la problématisant.

À partir de là, quel plan possible ?

• La dimension juridique du dossier est manifeste, mais les enjeux paraissent devoir être valorisés. Ces grands axes pourront induire les deux grandes parties de la note, à condition que les enjeux soient suffisamment développés pour alimenter une partie entière.

• Il est possible à ce stade d'envisager la construction de la note à partir du plan « bateau » suivant :
– les principes
– les modalités de mise en œuvre
– les limites (obstacles)
– les pistes d'amélioration (les moyens de dépasser les obstacles)

FICHE 11 S'ENTRAÎNER À TROUVER UN PLAN

Nous poursuivons dans cette fiche l'entraînement à la fabrication d'un plan à partir des seuls commande et titres des documents reproduits en première(s) page(s) des sujets.

REMARQUE DU FORMATEUR :
Ce n'est pas parce que les choses sont difficiles que nous ne les faisons pas, c'est parce que nous ne les faisons pas qu'elles sont difficiles.

FICHE 11

Exemple 1

Concours externe d'attaché territorial, épreuve de note, session 2014, spécialité animation.
(L'intégralité du sujet traité ci-dessous est notamment disponible sur le site www.cdg69.fr, rubrique « sujets ».)

Énoncé

« Vous êtes attaché territorial d'Alpha, commune de 60 000 habitants qui comprend plusieurs quartiers en zone prioritaire.
Le maire souhaite permettre aux habitants de participer plus largement à la vie de la cité.
Le directeur général des services vous demande de rédiger à son attention une note sur la participation des habitants dans le cadre de la politique de la ville.
Vous rédigerez cette note à l'aide des éléments du dossier. »

Documents joints

- Document 1 : « La participation des habitants : trois pistes pour rénover la politique de la ville » – *Centre d'analyse stratégique – La note d'analyse n° 278* – www.strategie.gouv.fr – septembre 2012 – 6 pages
- Document 2 : « L'"*empowerment*", nouvel horizon de la politique de la ville », Sylvia Zappi – *Le Monde* – 7 février 2013 – 3 pages
- Document 3 : « Observation des quartiers prioritaires de la politique de la ville, quelle place pour les habitants ? » (extraits) – *RésO Villes* – avril 2013 – 5 pages
- Document 4 : « Des citoyens de seconde zone ? Relations habitants / institutions : une question de reconnaissance » – Rapport national « On voudrait

entendre crier toutes les voix de nos cités, Parole des habitants des quartiers en politique de la ville » (extraits) – Centres sociaux, Question de ville – juillet 2012 – 5 pages

- Document 5 : « L'impératif participatif dans la politique de la ville en France et à l'étranger » (extraits) – Intervention d'Anne Bousquet, représentante du Groupe de travail inter-quartiers (collectif d'habitants de Lyon la Duchère) – *Centre d'analyse stratégique, Conseil national des villes* – juin 2011 – 3 pages
- Document 6 : « Marion Carrel : À Lille comme ailleurs, la politique de la ville fait l'objet de fortes critiques » – *La Voix du Nord* – 27 novembre 2013 – 2 pages
- Document 7 : Synthèse « Pour une réforme radicale de la politique de la ville (extraits) – Ça ne se fera pas sans nous » – Rapport au ministre délégué chargé de la Ville – Mme Hélène Bacqué, M. Mechmache – juillet 2013 – 6 pages
- Document 8 : « Habitants des quartiers populaires » (extraits) – *QuARTiers* – janvier 2012 – 3 pages
- Document 9 : « Observation des territoires de la politique de la ville en Bretagne et Pays de la Loire » (extrait) – *RésO Villes* – 2012 – 2 pages

Analyse

- La commande est on ne peut plus simple : la note porte sur la participation des habitants dans le cadre de la politique de la ville.
- L'analyse des titres des documents laisse apparaître clairement que :

– la politique de la ville fait l'objet de critiques (titre du document 6) ;
– les habitants des quartiers sont (parfois) considérés comme des habitants de seconde zone (titre du document 4) ;
– la participation des habitants conditionne la réussite de la politique de la ville (titres des documents 1, 3, 5, 7) ;
– cette participation pose les bases d'une nouvelle citoyenneté (titre du document 2 : l'*empowerment*, nouvel horizon de la politique de la ville).

Remarque du formateur :
Par *empowerment*, on entend l'octroi de pouvoirs accrus aux personnes ou aux groupes pour agir sur les conditions sociales, économiques, politiques ou écologiques qu'ils subissent ; on parle aussi de capacitation, d'autonomisation, de responsabilisation, d'émancipation, de montée en pouvoir...

• Sous réserve, évidemment, de validation de cette rapide analyse par le contenu des documents, on peut retenir le plan suivant :
I. La politique de la ville fait aujourd'hui l'objet de nombreuses critiques (A), essentiellement dues au fait que les habitants des quartiers demeurent largement des habitants de seconde zone (B).
II. La participation des habitants s'avère en effet essentielle à sa réussite (A), fondatrice, au-delà, d'une démocratie nouvelle qui redonne du pouvoir aux citoyens (B).

Exemple 2

Concours externe d'attaché territorial, épreuve de note, session 2010, spécialité urbanisme et aménagement des territoires.
(L'intégralité du sujet traité ci-dessous est notamment disponible sur le site www.cdg69.fr, rubrique « sujets ».)

Énoncé

« Le maire de la commune de T., dont le plan local d'urbanisme vient d'être approuvé, doit prochainement rencontrer un agriculteur qui souhaite implanter une centrale photovoltaïque au sol sur une partie de son exploitation. Afin d'aborder ce rendez-vous en bonne connaissance de cause, le maire vous demande de lui rédiger une note, à l'aide des seuls documents joints. »

Documents joints

• Document 1 : Projets photovoltaïques : questions de droit de l'urbanisme et de fiscalité locale
Revue Lamy des collectivités territoriales – juillet 2009

• Document 2 : Décret n° 2009-1414 du 19 novembre 2009 relatif aux procédures administratives applicables à certains ouvrages de production d'électricité
JORF du 20 novembre 2009

• Document 3 : Circulaire du 18 décembre 2009 relative au développement et au contrôle des centrales photovoltaïques au sol
Ministère de l'Écologie, de l'Énergie, du Développement durable et de la Mer, en charge des technologies vertes et des négociations sur le climat

• Document 4 : Installations photovoltaïques au sol et code de l'urbanisme
Association des Maires de France – 30 janvier 2010

• Document 5 : Les centrales solaires photovoltaïques au sol
Les avis de l'ADEME – février 2010

• Document 6 : Centrales photovoltaïques au sol : la crainte de la trame grise
Journal de l'Environnement – 21 janvier 2009

• Document 7 : Énergie photovoltaïque : éviter les catastrophes
Journal des maires – novembre 2009

• Document 8 : Centrales solaires au sol : leur développement doit être encadré
Technicités – 8 novembre 2009

• Document 9 : Réponse ministérielle n° 02906 : réglementation relative à l'implantation sur le sol d'installations photovoltaïques de grandes dimensions
Publiée dans le JO Sénat – 25 mars 2010

• Document 10 : Rapport d'information sur l'énergie photovoltaïque (extraits)
Déposé par la commission des affaires économiques de l'Assemblée nationale et présenté par Serge Poignant, député – 16 juillet 2009

• Document 11 : Articles R.422-1 et R.422-2 du Code de l'urbanisme

• Document 12 : La filière photovoltaïque française réclame un cadre plus stable
Le Monde.fr – 2 octobre 2010

Analyse

• Une commande assez laconique : un maire souhaite une note sur l'implantation d'une centrale photovoltaïque au sol.
Une information qui a certainement une importance qu'il conviendra de vérifier en exploitant les éléments juridiques du dossier, mais qui n'a toutefois pas de conséquence sur la construction du plan de la note : le plan local d'urbanisme de la commune (PLU) a été adopté.

• Les titres des documents paraissent moins informatifs que dans l'exemple 1 de cette fiche, les documents juridiques occupant une place importante dans le dossier (documents 2, 3, 9, 11), mais on discerne toutefois des informations éclairantes :
– la filière photovoltaïque française réclame un cadre plus stable (document 12) ;
– le développement des centrales photovoltaïques au sol doit être encadré (document 8) ;
– ce développement n'est pas sans danger (document 6), notamment pour l'environnement (document 7).

• Ces éléments ne fournissent pas un plan « clé en main », l'exploitation des éléments du dossier s'avérant nécessaire pour affiner la dimension juridique

et financière de l'implantation de centrales photovoltaïques, mais une logique d'ensemble se dessine, qui pourrait aboutir au plan suivant :
I. Un cadre (juridique, financier, etc.) mouvant a longtemps freiné le développement des centrales photovoltaïques en France (A) et le droit de l'urbanisme a évolué pour en encadrer l'implantation au sol (B).
II. Pour autant, le développement de centrales photovoltaïques au sol présente des dangers (A), qui requièrent de nouvelles évolutions juridiques (B).

Autre articulation possible :
I. Un cadre mouvant a longtemps freiné le développement des centrales photovoltaïques en France (A), d'autant que leur déploiement au sol s'avère dangereux (B).
II. Si le droit de l'urbanisme a commencé à évoluer pour limiter ces dangers (A), il devra encore être réformé pour que collectivités et particuliers tirent pleinement parti du déploiement des centrales (B).

Exemple 3

Concours externe d'attaché territorial, épreuve de note, session 2014, spécialité gestion du secteur sanitaire et social.
(L'intégralité du sujet traité ci-dessous est notamment disponible sur le site www.cdg69.fr, rubrique « sujets ».)

Énoncé

« Vous êtes attaché territorial, responsable du CCAS de la commune d'Alpha. Le maire, nouvellement élu, également président du CCAS et vice-président de la communauté d'agglomération, souhaite mener une réflexion globale en matière d'action sociale afin de lancer des projets innovants en partenariat avec tous les acteurs concernés conciliant dynamique économique et renforcement du lien social.
Aussi, le maire vous demande de rédiger à son attention une note sur l'économie sociale et solidaire et en particulier sur les liens entre collectivités territoriales (et établissements publics locaux) et économie sociale et solidaire.
Vous rédigerez cette note exclusivement à l'aide des éléments du dossier. »

Documents joints

- Document 1 : Qu'est-ce que l'économie sociale et solidaire (extraits) – *CEDEF (Centre de documentation économie-finances)* – Portail de l'Économie et des Finances – site internet mis à jour le 4 août 2014 – 1 page

- Document 2 : L'économie sociale et solidaire au service d'un projet de territoire (extraits) – Patrick Loquet – *Dossier d'experts de la Lettre du cadre territorial* – janvier 2004 – 2 pages
- Document 3 : Quand l'économie solidaire gagne les collectivités locales – Éric Larpin – Fiches pratiques Politique et Communication – *Fiches pratiques de la Lettre du cadre territorial* – n° 89 – mai 2007 – 2 pages
- Document 4 : Le développement de l'économie sociale et solidaire dans les collectivités – *Portail du ministère de l'Économie et des Finances, www.economie.gouv.fr* – 14 novembre 2012 – 1 page
- Document 5 : Les services à la personne : un secteur identifié à l'économie sociale et solidaire – *Portail du ministère de l'Économie et des Finances, www.economie.gouv.fr* – 14 novembre 2012 – 1 page
- Document 6 : Économie sociale et solidaire et collectivités locales, note de cadrage (extraits) – Annabelle Boutet – *Les notes Etd, le centre de ressources du développement territorial* – avril 2013 – 4 pages
- Document 7 : L'ESS ne doit pas être isolée mais un partenaire de tous les projets – *Lettre d'information du réseau des collectivités territoriales pour une économie solidaire* – janvier 2014 – 1 page
- Document 8 : ESS : les associations en « pôle » position (extraits) – Fatou Seye – *Associations mode d'emploi* – n° 143 – novembre 2012 – 2 pages
- Document 9 : Appel à projets 2014 (extrait) – *Pays de Brest* – 2014 – 4 pages
- Document 10 : Une société coopérative d'intérêt collectif au service de la dépendance – *Banque d'expériences de l'action sociale locale* – UNCASS – dernière mise à jour le 15 mai 2014 – 2 pages
- Document 11 : Les politiques locales de l'ESS à la croisée des chemins (extraits) – Laurent Fraisse – *Journal du Mauss* – 11 mars 2010 – 2 pages
- Document 12 : Économie sociale et solidaire : une politique encore en quête de légitimation – Agnès Thouvenot – *La Gazette des communes* – 15 novembre 2013 – 3 pages
- Document 13 : L'économie sociale et solidaire, un modèle économique à part entière, apportant des réponses aux besoins de nos territoires – *Déclaration commune des réseaux des collectivités locales signée au Sénat* – 5 mars 2013 – 2 pages
- Document 14 : Projet de loi relatif à l'économie sociale et solidaire – Étude d'impact (extraits) – Sénat – *site Internet du Sénat* – 24 juillet 2013 – 2 pages

- Document 15 : Loi n° 2014-856 du 31 juillet 2014 relative à l'économie sociale et solidaire (extraits) – *Journal officiel du 1er août 2014* – 4 pages
- Document 16 : La loi ESS est publiée – Jean-Marc Joannès – *La Gazette des communes – site Internet www.lagazettedescommunes.com* – 25 août 2014 – 2 pages

FICHE 11

Analyse

- Une commande assez longuement rédigée, qui insiste sur des éléments contextuels qui vont aider au traitement du sujet : une réflexion globale, un partenariat avec tous les acteurs, la conciliation d'une dynamique économique avec le renforcement du lien social.
La note porte sur l'économie sociale et solidaire en lien avec les collectivités territoriales.

- Le grand nombre de titres, dû au nombre élevé de documents du dossier, n'empêche pas de discerner assez facilement quelques grands axes :
– l'économie sociale et solidaire est longtemps restée en quête de légitimation (documents 11 et 12) ;
– la loi du 31 juillet 2014 consacre l'économie sociale et familiale (documents 14, 15, 16) ;
– la collectivité doit associer dans un projet global tous les partenaires concernés (documents 2, 7, 8) ;
– l'économie sociale et solidaire poursuit à la fois le développement économique du territoire et le renforcement de la solidarité (documents 5, 10, 13).

- Le plan suivant se dessine assez aisément :
I. Si l'économie sociale et solidaire est longtemps demeurée en quête de légitimation (A), la loi du 31 juillet 2014 la reconnaît pleinement (B).
II. Afin de parvenir à concilier efficacement développement économique et insertion sociale (A), l'économie sociale et solidaire doit s'inscrire dans un projet de territoire associant tous les partenaires de la commune (B).

FICHE 12 METTRE EN PRATIQUE

Les **fiches 7 à 11** vous ont permis de mesurer tout l'intérêt d'une analyse préalable de la mise en situation, de la commande, des sources et des dates des documents, de leurs titres, afin de tracer une ébauche de plan.

Voici une mise en œuvre des techniques évoquées dans les fiches précédentes à partir du sujet d'annales ci-après.

1. Exemple de sujet

Ce sujet, support des **fiches 12, 14 et 30**, est un sujet d'annales du concours externe de rédacteur territorial, session 2015, notamment disponible sur le site cdg69.fr, rubrique « sujets ».

Énoncé

« Vous êtes rédacteur territorial au service communication de la commune d'Admiville, commune de 7 500 habitants.
La directrice générale des services de votre collectivité vous demande de rédiger à son attention, exclusivement à l'aide des documents joints, une note sur l'ouverture des données publiques. »

Documents joints

- Document 1 : Loi n° 78-753 du 17 juillet 1978 portant diverses mesures d'amélioration des relations entre l'administration et le public et diverses dispositions d'ordre administratif, social et fiscal (extrait) – *legifrance.fr*
- Document 2 : « Open data : une démocratie plus ouverte et de nouveaux biens communs » – *contribuez.cnumérique.fr* – 2 novembre 2014
- Document 3 : « Un laboratoire de l'open data dans une petite commune » – Grégoire Normand – *La Gazette des communes, des départements, des régions n° 2175* – 27 mai 2013
- Document 4 : « La France en 3e place sur le podium de l'open data mondial » – Bruno Texier – *archimag.com* – 10 décembre 2014
- Document 5 : « Open data : le Sénat dénonce la mauvaise volonté de l'administration » – Benoît Méli – *journaldunet.com* – 12 juin 2014
- Document 6 : « Open data : le service public augmenté – L'atout de la mutualisation » (extrait) – Frédéric Ville – *lagazettedescommunes.com* – mis à jour le 08/03/2013
- Document 7 : « L'open data, véritable voie de modernisation pour les administrations » – Sabine Blanc – *lagazettedescommunes.com* – 24 mai 2013

- Document 8 : « Open data : la nouvelle révolution française ? » (extrait) – *latribune.fr* – 17 juillet 2014
- Document 9 : « Open data : quels coûts pour les collectivités territoriales ? » – S. Blanc – *La Gazette des communes* – 22 juillet 2013
- Document 10 : « Open data local : chercher un second souffle » – Bruno Texier – *archimag n° 279* – novembre 2014
- Document 11 : « Open data : le nouveau cadre européen publié » – *blog. grandesvilles.org* – 2 juillet 2013

2. Analyse de la mise en situation et de la commande

- Le libellé est on ne peut plus simple, mais il mérite tout de même analyse. Le thème de la note est, sans aucune ambiguïté, l'ouverture des données publiques.

- Sur le fond, la commande comporte une indication démographique : la commune d'Admiville compte 7 500 habitants. Si la nature du sujet, qui n'est ni juridique, ni financier, ne laisse pas augurer de dispositions ou de dispositifs qui varieraient selon le nombre d'habitants des communes concernées, on gardera cette donnée en tête lorsqu'on exploitera les expériences locales dont rendra certainement compte le dossier.

- La qualité du destinataire, la directrice générale des services, est sans incidence particulière sur le traitement du sujet. Il convient de l'informer de manière synthétique et claire, à l'aide d'une note qui lui permette de connaître l'essentiel sans devoir se référer au dossier, conformément à la nature même de l'épreuve, en étant évidemment attentif tant à l'exactitude qu'à l'exhaustivité des informations fournies.

3. Analyse des sources des documents

- Le dossier apparaît relativement « monosource ». Il contient en effet pour l'essentiel des articles de presse spécialisée :
– presse spécialisée dans la gestion des collectivités territoriales : *La Gazette des communes, des départements, des régions* ;
– presse spécialisée pour les professionnels de l'information : *Archimag*.

- Le dossier contient également un document juridique (document 1), à savoir un extrait de la loi n° 78-753 du 17 juillet 1978, auquel s'ajoute le document 11 sur une directive de l'Union européenne. On peut ainsi facilement préconcevoir une sous-partie sur les fondements juridiques de l'ouverture des données publiques (ou open data).

4. Les titres sont-ils signifiants ?

• Plusieurs titres mettent sur la voie des **effets bénéfiques** de l'open data : « une démocratie plus ouverte et de nouveaux biens communs » (document 2), « le service public augmenté » (document 6), « véritable voie de modernisation pour les administrations » (document 7).

• D'autres en revanche mettent en évidence des **freins ou limites** : « le Sénat dénonce la mauvaise volonté de l'administration » (document 5), « chercher un second souffle » (document 10). On vérifiera sur pièce si « la nouvelle révolution française ? » (document 8) et « quels coûts pour les collectivités territoriales ? » (document 9) comportent des éléments appartenant à cette famille ou ouvrent une autre piste sur les **conditions de réussite**.

• On lira aussi avec intérêt le document 3, « un laboratoire de l'open data dans une petite commune », qui peut souligner aussi bien des effets bénéfiques que des conditions de réussite.

5. Des idées de plan ?

• L'analyse des sources et des titres permet ainsi de repérer quatre axes structurants qui vont déterminer l'exploitation du dossier :
- Les fondements juridiques de l'ouverture des données ;
- Les effets bénéfiques de l'open data ;
- Les freins (les limites) ;
- Les moyens de dépasser les freins (les limites).

• Il s'agit évidemment à ce stade d'une structuration sommaire, que l'exploitation du dossier conduira à affiner. Mais elle est logique et constitue un bon outil d'exploitation du dossier.

Astuce du candidat :
À force de pratiquer, j'ai compris que je devais par tous les moyens trouver une ébauche de plan avant de me plonger dans le dossier. Lorsque la commande et les titres sont « décevants » (au sens où ils ne me permettent pas d'ébaucher un plan), je parcours le dossier et je surligne tout ce qui me saute aux yeux, afin de parvenir le plus rapidement possible à cette ébauche de plan qui guide ensuite ma prise de notes.

PARTIE 2

Exploiter le dossier

FICHE 13 LES MÉTHODES D'EXPLOITATION

Poursuivons l'apprentissage de la méthode de la synthèse : on a vu combien l'analyse du libellé, des titres et des sources met sur la voie d'un plan.

• L'intention de plan née de cet indispensable travail préliminaire doit être validée par la **lecture de survol du dossier**.

Ici commence donc l'exploitation des documents fournis à l'appui de la commande.

Cette lecture de survol va s'attacher particulièrement à la « titraille » de chacun des documents (fiche 14).

• Nous présenterons ensuite **trois méthodes différentes d'exploitation du dossier**. Il ne s'agit évidemment pas de trois méthodes à mener simultanément : il vous appartient d'en retenir une en fonction des pistes dont vous disposez au terme de l'analyse du libellé et des titres :
- la rédaction de fiches à partir d'un plan préconçu (fiches 15, 16) ;
- la rédaction de fiches par thèse (fiche 17) ;
- la rédaction de fiches par document (fiche 18).

• Ces trois méthodes ne sont toutefois pas totalement « étanches » : il se peut que vous « teniez » trois axes d'un plan préconçu (par exemple : un constat préoccupant / une réponse institutionnelle / des problèmes qui demeurent irrésolus) à partir desquels vous allez rédiger vos fiches de synthèse.
Comme vous visez, légitimement, la construction d'un plan en deux parties comprenant chacune deux sous-parties (plus communément baptisé « plan en deux parties et deux sous-parties », voire « plan type Sciences po »), vous allez ouvrir *a minima* une nouvelle fiche pendant l'exploitation du dossier. Il est également possible que cette exploitation donne naissance à des fiches imprévues qui vous conduisent à modifier le plan que vous aviez imaginé très tôt dans l'épreuve.

FICHE 14 TROUVER UN PLAN À PARTIR DE LA TITRAILLE

La lecture des fiches précédentes vous a montré que vous pourrez souvent disposer d'embryons ou d'ébauches de plans avant même de procéder à la lecture de survol du dossier.

Mais, là encore, gardons-nous de tout dogmatisme : les incertitudes liminaires vont souvent être levées par la **lecture de survol**. Il peut aussi arriver que la lecture de survol ne modifie en rien une intention de plan déjà bien arrêtée ou, à l'inverse, que l'analyse de la commande et des titres n'ait rien produit et que vous attendiez tout de la lecture de survol pour vous orienter vers un plan.

Qu'est-ce que la « titraille » ?

(Source : Le glossaire des termes de la presse écrite / CLEMI, Centre de liaison de l'enseignement et des moyens d'information, www.clemi.org)

- C'est l'ensemble des éléments d'un titre (surtitre, titre principal, sous-titre) dont la diversité typographique est destinée à attirer le regard.

Exemples : Un **surtitre**, sur une ligne, en italique :
Bonne nouvelle chez Vuibert !
Le **titre principal**, le plus gros possible, en lettres capitales :
UNE NOUVELLE MÉTHODE DE SYNTHÈSE
Le **sous-titre** sur une ou deux lignes :
Un livre de 192 pages avec des exercices bien utiles

- Vient ensuite le **chapeau** (ou **chapô**): c'est un texte d'introduction qui « coiffe » un article, généralement présenté en plus gros et en caractères gras. À mi-chemin entre le résumé et l'accroche, il concentre en quelques lignes l'essentiel de l'information.
- Une **accroche**, au centre de la page, peut compléter cet arsenal de « niveaux de lecture », censés faciliter l'entrée dans un texte. Cette accroche prend la forme d'une ou deux phrases en tête d'article, destinée(s) à retenir, « accrocher » l'attention du lecteur. En fin d'article, on parle de chute.
- Un **intertitre** (ou **inter**) est un titre intermédiaire (une phrase ou quelques mots), composé en plus gros, en couleur, en gras, qui rythme les colonnes de texte, de façon à en rendre la lecture moins fastidieuse.
- En théorie, on pourrait juste lire le chapeau et les intertitres pour connaître les informations essentielles d'un article.

ASTUCE DU CANDIDAT :

Je me suis rendu compte que, souvent, il n'y a pas grand-chose de plus à lire que tous les titres, surtitres, intertitres, chapeaux, légendes... pour rédiger une synthèse. Cela ne marche pas à tous les coups, mais lorsque les chapeaux sont bien faits, ils dispensent largement de lire les documents eux-mêmes.

Entraînement

Dans l'exemple suivant, nous avons reproduit toute la titraille des documents du dossier du sujet qui a déjà fait l'objet de la **fiche 12**.

À vous de valider, compléter, amender... les axes principaux (thèses) déjà identifiés par l'analyse du libellé et des titres des documents en première page.

Document 1

Les titres, chapeaux, accroches, intertitres, informations saillantes...	Thèse(s) ?
Loi n° 78-753 du 17 juillet 1978 portant diverses mesures d'amélioration des relations entre l'administration et le public et diverses dispositions d'ordre administratif, social et fiscal (extrait) – Chapitre II : de la réutilisation des données publiques	

Document 2

Les titres, chapeaux, accroches, intertitres...	Thèse(s) ?
Open data : une démocratie plus ouverte et de nouveaux biens communs – Prévoir l'adoption des règles lisibles et incitatives à l'ouverture des données publiques – Permettre à l'open data de devenir un levier pour les politiques publiques – Prévoir la création de nouveaux biens communs informationnels	

Document 3

Les titres, chapeaux, accroches, intertitres...	Thèse(s) ?
Brocas (Landes) 800 hab. Un laboratoire de l'open data dans une petite commune – Les enfants très motivés	

– Une logique de coproduction participative – Un cloisonnement flagrant – Les obstacles encore nombreux *avantages* *inconvénients* *partenariat* Études, chiffres et délibérations libérées Juridique Il conçoit : « *Un vrai parcours du combattant* » Elle coordonne : « *Démontrer le potentiel de ces projets* » Il soutient : « *C'est dans les villages que l'information manque* »	

Document 4

Les titres, chapeaux, accroches, intertitres...	Thèse(s) ?
La France en 3e place sur le podium de l'open data mondial – Selon le classement de l'Open Data Index, la France passe de la douzième place en 2013 à la troisième place en 2014, derrière le Royaume-Uni et le Danemark – « Amélioration significative du nombre de jeux de données »	

Document 5

Les titres, chapeaux, accroches, intertitres...	Thèse(s) ?
Open data : le Sénat dénonce la mauvaise volonté de l'administration – « Inertie persistante » – Vers une liste publique de « mauvais élèves » ?	

Document 6

Les titres, chapeaux, accroches, intertitres...	Thèse(s) ?
Open data : le service public augmenté – L'atout de la mutualisation (extrait) – Chiffres-clés : optimiser les coûts – Compréhension des territoires – L'ingénierie aussi – Pays de la Loire – 3,54 millions d'habitants – Quatre partenaires partagent une plateforme	

Document 7

Les titres, chapeaux, accroches, intertitres…	Thèse(s) ?
L'open data, véritable voie de modernisation pour les administrations L'open data est paré de trois vertus : il favorise la transparence de l'action publique, il est source de croissance économique et d'innovation, il est enfin un levier de modernisation de l'administration elle-même. Cette troisième affirmation a été utilisée par le gouvernement dans le cadre de la mise en œuvre de la MAP, début 2013. Mais jusque-là, bien peu d'exemples venaient étayer l'argument. Ce n'est plus le cas : à l'étranger, et désormais en France, certaines initiatives montrent que oui, l'open data peut être un levier de modernisation des administrations, de l'État comme des collectivités territoriales.	

Document 8

Les titres, chapeaux, accroches, intertitres…	Thèse(s) ?
Open data : la nouvelle révolution française ? – Un marché français encore balbutiant « *Nous pouvons partager toutes les données qui relèvent du service public, mais certains jeux doivent demeurer en interne* », insiste un responsable de la SNCF. – Des données ouvertes… mais payantes « *L'open data n'est pas encore entré dans les mœurs, il reste peu connu et peu compris du grand public* », décrypte Claire Gallon, la co-créatrice de l'association LiberTic. « *La culture du secret est très ancrée au sein de l'administration. Ouvrir les données sans savoir par qui et comment elles vont être réutilisées, c'est une révolution* », explique Henri Verdler, le directeur d'Etalab. « *On trouve des données dans tous les formats, elles sont parfois difficiles d'accès, incomplètes, datées ou illisibles…* », soupire Denis Berthault, qui compile, croise, analyse et rend des données juridiques pour la société Lexis Nexis.	

Document 9

Les titres, chapeaux, accroches, intertitres…	Thèse(s) ?
Open data : quels coûts pour les collectivités territoriales ? – Première version simple en mode agile – Portail avec plusieurs partenaires – Dans les nuages – La communication, un point vital – Difficile mutualisation – Pas de grosses arnaques – Retour sur investissement hasardeux	

Document 10

Les titres, chapeaux, accroches, intertitres…	Thèse(s) ?
Open data local : chercher un second souffle Avec l'ouverture des données par les collectivités locales, on allait voir ce qu'on allait voir. Plus d'informations, plus de transparence et aussi une mise à profit attendue du côté des start-up pour créer des applications et de l'activité. Démocratie, économie et marché de l'emploi locaux devaient en bénéficier. Après quelques années passées, malgré des initiatives qui se multiplient, un bilan mitigé s'impose, avec souvent un manque… de données quant aux réalisations qui ont émergé. Reste des exemples phares, de quoi encourager toujours la démarche. – Charte de bonnes pratiques – « Image brouillée de l'open data et de ses bénéfices » – L'État se dote d'un administrateur général de données – e-gouvernance	

Document 11

Les titres, chapeaux, accroches, intertitres…	Thèse(s) ?
Open data : le nouveau cadre européen publié	

FICHE 14

Corrigé

• On mesure toute la fécondité de l'exploitation de la titraille qui permet non seulement de déterminer les principaux axes de la construction du plan, mais aussi d'alimenter des développements pour peu que l'on prenne soin d'éviter le piège du « copier-coller ».

• Ne nous y trompons pas, le plan ne sort pas toujours « tout armé » de ce travail, mais l'identification claire des différentes « thèses » (axes, arêtes…) des documents au dossier permet d'aboutir facilement à un plan qui rend compte de l'essentiel :

– Document 1
Thèse : **Le cadre de l'ouverture des données publiques (open data) a été fixé par la loi**

– Document 2
Thèse(s) : **Les conditions de réussite** (des règles lisibles, un levier des politiques publiques, de nouveaux biens communs)

– Document 3
Thèse : **Les conditions de réussite** (coproduction participative, partenariat, information)
Les obstacles (le cloisonnement)

– Document 4
Thèse : **La France progresse dans l'ouverture des données**

– Document 5
Thèse : **Les obstacles** (l'inertie de l'administration)

– Document 6
Thèse(s) : **Les avantages de l'open data** (économie, compréhension des territoires)
Les conditions de réussite (partenariat entre collectivités)

– Document 7
Thèse : **Les avantages de l'open data** (transparence de l'action publique, croissance économique et innovation, modernisation des administrations)

– Document 8
Thèse : **Les obstacles** (méconnaissance par le public, culture du secret de l'administration, données lacunaires sous différents formats)

– Document 9
Thèse(s) : **Les conditions de réussite** (partenariat, communication)
Les obstacles (mutualisation difficile, coût)

– Document 10
Thèse(s) : **Les obstacles** (image brouillée, manque de visibilité des réalisations)
Les conditions de réussite (chartes, gouvernance)

– Document 11
Thèse : **Le cadre légal**

FICHE 15 RÉDIGER DES FICHES À PARTIR D'UN PLAN PRÉCONÇU

Remarque du formateur :
Cette première technique est idéale : je « tiens » un plan très tôt dans l'épreuve, il me reste à le « remplir » en exploitant le dossier.
Il peut toutefois arriver que l'exploitation du dossier mette en lumière une dimension jusqu'alors demeurée cachée. Il me faudra alors réviser mon plan avant de rédiger définitivement ma synthèse.

1. Les structures types

• Avant d'illustrer cette technique en présentant le résultat de l'exploitation d'un sujet de concours récent, voici quelques **structures types** ou « **plans bateaux** » qui peuvent vous aider à préconcevoir un plan avant même d'exploiter le dossier :
– Bilan / Perspectives
– Constat / Préconisations
– Problèmes / Solutions
– Dangers / Remèdes
– Causes / Conséquences
– Aspects positifs / Aspects négatifs
– Avantages / Inconvénients
– Avantages / Limites
– Vertus / Défauts
– Dispositif / Conditions de bon fonctionnement
– Cela permet / À condition que
– Organisation / Fonctionnement
– Aspects internes / Aspects externes
– Les faits / Le droit

• Plus finement, on peut aussi proposer :
– un dispositif / mais des difficultés dans son application ;
– des objectifs / une mise en œuvre ;
– des avancées / mais des insuffisances ;
– de nouvelles missions / avec de nouveaux moyens.

2. Le plan binaire

• À partir d'un plan en deux grandes parties, vous classez au fur et à mesure de l'exploitation du dossier les informations dans deux grandes parties, puis vous subdivisez chaque partie en deux sous-parties (praticable par simple indexation par A ou par B des informations de chaque partie). En d'autres termes, vous partez d'un plan binaire (deux parties), puis vous introduisez du binaire (deux sous-parties) dans le binaire.

- En effet, des **plans binaires** peuvent se décliner encore plus finement :
– Les faits / Des réponses insuffisantes // Une nouvelle réponse / Les conditions de réussite
– Un bilan positif / non sans insuffisances // Une réforme / qui laisse des questions en suspens
– Un bilan négatif / une réforme // Des problèmes non traités / qui imposeront d'autres changements
– Un bilan positif / et négatif // Un projet de réforme / qui soulève des inquiétudes
– Un problème ancien / qui évolue // Le droit est dépassé / et devra évoluer
– Un problème ancien / mal résolu // Des solutions nouvelles / encore incertaines
– Des principes nouveaux / qui fondent un nouveau dispositif // Les conditions de réussite / Des expériences éclairantes

Conseil du formateur :
Ne négligez jamais les « plans bateaux » qui peuvent vous permettre de « vous en sortir » honorablement, surtout lorsque le dossier que vous devez synthétiser est long et complexe.

3. Application

- Dans l'exemple ci-après, nous sommes partis d'un plan préconçu un peu plus élaboré, non sans avoir préalablement posé des hypothèses moins abouties qui auraient pu également fonctionner.

- Concours externe d'attaché territorial, épreuve de note, session 2010, spécialité administration générale. (Sujet intégral accessible en ligne, notamment sur le site www.cdg69.fr, rubrique « sujets ».)

Énoncé

« Attaché territorial, vous êtes responsable des ressources humaines de la ville de Bellevue comptant 16 000 habitants. La commune s'est dotée d'une police municipale qui comprend actuellement 17 fonctionnaires.

Dans le cadre de la réflexion qui est menée au niveau communal et intercommunal sur la mutualisation des services, le directeur général des services vous demande de rédiger, à l'aide des seuls éléments du dossier, une note consacrée à la mise en commun des moyens et personnels de la police municipale avec d'autres communes voisines. »

Documents joints

- Document 1 : Police municipale, Code général de collectivités territoriales – partie législative, 2 p.
- Document 2 : Mise en commun des agents de police municipale et de leurs équipements, Code général de collectivités territoriales – partie réglementaire, 1 p.
- Document 3 : Fonctionnement en intercommunalité d'une police municipale, Réponse ministérielle du 5 mars 2009, 2 p.
- Document 4 : Les policiers municipaux veulent être mieux reconnus, *Le Monde*, 4 février 2010, 1 p.
- Document 5 : Les effectifs de l'État 1980-2008 – Un état des lieux (conclusion), Rapport de la Cour des comptes (Extraits), décembre 2009, 1 p.
- Document 6 : Une professionnalisation accompagnée par l'État, Rapport du préfet Jean Ambroggiani sur la police municipale (extraits) 2009, 1 p.
- Document 7 : Coordination police nationale et polices municipales, Réponse ministérielle du 17 avril 2007, 2 p.
- Document 8 : Mutualisation et services publics : les enjeux de la réforme, Yannick LECUYER, revue *Droit administratif*, mars 2009, 8 p.
- Document 9 : Saint-Rémy-de-Provence « loue » sa police municipale, *La Gazette des communes*, 22 février 2010, 1 p.
- Document 10 : La municipalisation des politiques de sécurité, Entretien avec Virginie MALOCHET, Claris, *La Revue*, mars 2008, 5 p.
- Document 11 : Formation au tir, armement et mise à disposition des agents de police municipale, Didier JEAN-PIERRE, *La Semaine juridique Administrations et collectivités territoriales*, n° 2240, 2007, 3 p.
- Document 12 : Trois communes de l'Aube mutualisent leur police municipale, *La Gazette des communes*, 25 janvier 2010, 1 p.

Analyse de la mise en situation et de la commande

Sur le fond, il convient toujours d'être attentif, lorsqu'elles existent, aux indications démographiques portées dans une commande : le nombre d'habitants de la ville de Bellevue, comme le nombre de policiers municipaux de cette commune, mérite d'être noté avec soin, car il est vraisemblable que ces données orientent la manière d'utiliser les informations du dossier.

L'objet de la note est on ne plus précis : la note doit être consacrée à la mise en commun des moyens et personnels de la police municipale avec d'autres communes voisines. Il s'agit donc sans aucune ambiguïté de traiter de la mutualisation des services de police municipale entre communes. Nous ne saurions trop conseiller d'avoir toujours cette commande en tête lors de l'exploitation du dossier afin d'éviter des hors-sujets particulièrement pénalisants dans ce type d'épreuve.

On notera également que l'intercommunalité peut constituer le cadre de cette mutualisation.

Analyse des sources des documents

- Une tonalité juridique ou « officielle » marquée :

– des documents juridiques :
Code général des collectivités territoriales (documents 1 et 2) ;
– des documents officiels :
réponses ministérielles (documents 3 et 7),
rapport de la Cour des comptes (document 5),
rapport d'un préfet (document 6).

- De nombreux articles de presse :

– des articles de presse spécialisée :
presse spécialisée juridique : revue *Droit administratif* (document 8), *La Semaine juridique Administrations et collectivités territoriales* (document 11),
presse spécialisée d'information sur la gestion des collectivités territoriales : *La Gazette des communes* (documents 9, 12) ;
– un article de presse d'information générale : *Le Monde* (document 4).

Dates des documents

Tous les articles sont récents au regard de la session (2010), les plus anciens datant de 2007 et les plus récents de février 2010.

Les titres sont-ils signifiants ?

Ce rapide examen préalable des titres portés dans le sommaire du dossier avant la lecture de survol et l'exploitation de celui-ci a pour seul objet de permettre de discerner de grands axes de nature à aider à la construction du plan.
Il est possible que le contenu réel des documents s'avère différer pour partie de celui que les titres suggéraient, mais cela est sans réelle importance dans la mesure où l'unique objet de cette analyse est de parvenir à un plan.
Si certains titres apportent peu d'informations parce qu'ils reprennent les termes mêmes de la commande, on sera attentif aux concepts de « mise en commun », d'« intercommunalité », de « mutualisation », d'« enjeux ».
La mise en commun, la mutualisation s'inscrivent-elles toujours dans l'intercommunalité ou d'autres modalités sont-elles possibles ?
Le concept d'enjeux mérite qu'on en prenne toute la mesure : un enjeu, étymologiquement, c'est une chance de gain et un risque de perte. Identifier les risques et les chances (ou les inconvénients et les avantages) paraît constituer un axe pertinent du sujet, sous réserve que l'exploitation du dossier le confirme.

Des idées de plan ?

La dimension juridique du dossier est manifeste, mais les enjeux paraissent devoir être valorisés. Ces grands axes pourront induire les deux grandes parties de la note, à condition que les enjeux soient suffisamment développés pour alimenter une partie entière.
Je peux donc préconcevoir les deux grands axes de ma note, qui en constitueront les deux grandes parties :
– une partie sur les **modalités juridiques** de la mutualisation des polices municipales.
Il semble, ce que l'exploitation du dossier devra confirmer, qu'une des modalités en soit l'**intercommunalité** (titre du document 3), qui constituera alors une des deux sous-parties de cette partie.
Il conviendra de vérifier sur pièce si une ou d'**autres formes de mutualisation** ou de mise en commun (concepts que l'on trouve dans les titres des documents 2, 8, 10, 12) peut être abordée dans une seconde sous-partie de la première partie ;
– une autre partie sur les **enjeux**, que je peux classiquement structurer autour de deux axes : les **chances de gain**/les **risques de perte**.

La fiche suivante (fiche 16 : une mise en œuvre) va nous permettre de vérifier le caractère opérationnel de cette intention de plan.

FICHE 16 UNE MISE EN ŒUVRE

Poursuivons le travail engagé dans la fiche précédente en exploitant méthodiquement le dossier à partir d'un plan préconçu.

Nous utilisons le plan préconçu né de l'exploitation de la commande et des titres, plan que nous ajusterons si les documents accordent une place imprévue à des arguments mal repérés ou insuffisante à des idées qu'on aurait alors indûment valorisées.

CONSEIL DU FORMATEUR :

Si vous mettez en œuvre cette méthode, **conservez au brouillon les références aux documents**, afin de pouvoir si nécessaire, pendant la rédaction définitive de votre synthèse, retrouver rapidement la source d'une information dans l'hypothèse possible où une prise de note ponctuellement imprécise la rendrait insuffisamment compréhensible. La référence à ces documents n'est évidemment pas conservée dans la rédaction définitive.

Fiche d'exploitation 1 : Une police municipale intercommunale

Cette thèse préconçue à partir des titres pourra être formulée de manière plus précise pour annoncer le plan de la note et titrer cette sous-partie, par exemple sous la forme : **les communes peuvent constituer des polices municipales intercommunales.**

Aux termes de l'article L. 2212-5 du code général des collectivités territoriales (CGCT), « à la demande de plusieurs communes appartenant à un même établissement public de coopération intercommunale (EPCI) à fiscalité propre, celui-ci peut recruter un ou plusieurs agents de police municipale en vue de les mettre à disposition de l'ensemble de ces communes ».

Ces agents de police municipale exercent alors sur le territoire de chaque commune où ils sont affectés les tâches relevant du pouvoir de police du maire, prévention et surveillance du bon ordre, de la tranquillité, de la sécurité et de la salubrité publiques, exécution des arrêtés de police du maire et constatation par procès-verbaux des contraventions à ces arrêtés, contraventions à certaines dispositions du code de la route. Ces agents sont placés sous l'autorité du maire de la commune sur le territoire de laquelle ils exercent leurs fonctions. Ce même article précise les conditions de majorité « qualifiée » requises.

L'article L. 2212-5 dispose que, dans l'hypothèse d'une police intercommunale, le recrutement d'agents par l'EPCI requiert une délibération de deux tiers au moins des conseils municipaux des communes concernées représentant la moitié de leur population totale ou la moitié au moins des conseils municipaux représentant les deux tiers de la population.

Enfin, l'article L. 2212-6 du CGCT fixe que, lorsque les agents de police municipale sont mis à disposition de plusieurs maires par un EPCI, une convention intercommunale de coordination peut être conclue par les maires, le président de l'EPCI et le représentant de l'État dans le département, après avis du Procureur de la République. Cette convention précise la nature et les lieux des interventions des agents de police municipale et leur coordination avec celles de la police et de la gendarmerie nationales. (document 1)

Un rapport du Préfet Jean Ambroggiani sur la police municipale publié en 2009 précise qu'une vingtaine de polices municipales intercommunales ont été instituées. (document 6)

Fiche d'exploitation 2 : D'autres formes de mutualisation possibles

L'exploitation du dossier valide ce second axe, qui peut être ainsi précisé : **les communes peuvent aussi mutualiser leurs moyens sans recourir à l'intercommunalité.**

Le CGCT prévoit la possibilité pour les maires de communes limitrophes ou appartenant à une même agglomération d'utiliser en commun tout ou partie de leurs moyens et effectifs « lors d'une manifestation exceptionnelle, notamment à caractère culturel, récréatif ou sportif, à l'occasion d'un afflux important de population ou en cas de catastrophe naturelle » (article L. 2212-9).

Outre cette possibilité exceptionnelle, l'article L. 2212-10 (codifiant des dispositions de la loi du 5 mars 2007 relative à la prévention de la délinquance) dispose que les communes de moins de 20 000 habitants, comme la commune de Bellevue, formant un ensemble de moins de 50 000 habitants d'un seul tenant, peuvent mettre en commun un ou plusieurs agents de police municipale, alors placés sous l'autorité du maire de la commune où ils exercent. Une convention conclue entre l'ensemble des communes concernées, par ailleurs transmise au représentant de l'État, précise les modalités d'organisation et de financement de cette mise en commun. (document 1)

L'article R. 2212-11 du CGCT détaille les mentions portées dans cette convention, qui précise notamment les modalités de répartition, entre les communes, des charges financières en personnel, équipement et fonctionnement. L'article R. 2212-12 dispose que cette convention est signée par l'ensemble des maires des communes concernées, après délibération des conseils concernés, pour une durée minimale d'un an, avec un préavis de dénonciation de trois mois minimum. Les modalités de mise à disposition des agents sont précisées à l'article R. 2112-13 : elle ne peut excéder trois ans et est renouvelable de trois ans en trois ans. (document 2)

Il convient de préciser que cette forme de mutualisation est exclusive de la solution intercommunale : ne peuvent y recourir que les communes non membres d'un EPCI à fiscalité propre recrutant lui-même des agents de police municipale. (document 3)
Dans les Bouches-du-Rhône, la commune de Saint-Rémy-de-Provence met ainsi à disposition de la commune voisine de Mas-Blanc-des-Alpilles huit policiers municipaux contre une indemnité de 8 500 euros. (document 9)
Cette forme de mutualisation permet à tous les maires d'exercer une maîtrise plus directe de la police municipale que l'option intercommunale et peut conduire à préférer une police pluricommunale à une police intercommunale. (document 11)

Fiche d'exploitation 3 : Les risques de pertes

Une autre formulation possible de cette thèse : **les limites de la mutualisation**.
La mutualisation peut se heurter à la difficulté de faire travailler ensemble des services différents.
On peut craindre que la logique économique aille à l'encontre des principes de continuité, d'égalité et de mutabilité du service public rendus indispensables par la nécessité pour l'État et les collectivités territoriales de satisfaire de manière égale, adaptée et pérenne les besoins essentiels de la population.
La mutualisation paraît davantage fondée sur l'efficacité économique que sur la satisfaction de l'intérêt général.
En outre, la mutualisation risque d'aller à l'encontre de l'accessibilité et de la proximité du service public (particulièrement importante en matière de police). Paradoxalement, l'État a conduit ce processus tout en affirmant dans de nombreuses lois depuis le début des années 1990 la nécessité de favoriser la présence des services publics, notamment en zone rurale. Il n'est d'ailleurs pas du tout certain que la mutualisation puisse s'opérer sans creuser des inégalités territoriales.
Le manque d'accessibilité de services, que la mutualisation conduit à être géographiquement moins proches de la population, risque de ne plus permettre à chacun de jouir véritablement des droits que la République lui reconnaît, comme le droit à la sécurité.
Il convient donc d'être particulièrement attentif à ce que la mutualisation des services ne porte pas atteinte aux droits fondamentaux des citoyens. (document 8)
Lorsque les polices municipales se développent, la police nationale tend à abandonner les missions qu'elle exerçait sur la voie publique et ses actions de proximité. On peut craindre que la montée en puissance des polices munici-

pales, tournées vers le contrôle, la verbalisation et les interpellations, conduise à une distorsion de ses liens traditionnels avec la population. (document 10)

Fiche d'exploitation 4 : Les chances de gain

Cette thèse peut également être présentée sous le titre, par exemple : **Les vertus de la mutualisation**.

La rationalisation des services au moyen de la mutualisation entend éviter les redondances et renforcer l'efficacité des services. On attend d'une administration resserrée davantage d'efficience.

La mutualisation, notamment dans le cadre de l'intercommunalité, est apparue comme un moyen de réaliser des économies d'échelle, évitant des recrutements inutiles et, plus largement, réduisant les coûts de fonctionnement, et permettant de rendre un service « au meilleur coût ».

Elle permet également une mutualisation des savoir-faire et des connaissances (particulièrement utile en matière de police, compte tenu notamment de la complexité croissante des procédures dans le cadre de la complémentarité accrue des polices nationales et des polices municipales). (document 8)

Le développement des polices locales, généralement bien acceptées par la population, actrices du dialogue et de la tranquillité, permet, mieux que la police nationale, l'instauration d'une véritable police de proximité attendue des citoyens. (document 10)

L'expérience de trois communes de l'Aube qui ont mutualisé leur police municipale, couvrant un territoire de 13 000 habitants, présente de nombreux avantages : l'amplitude du service a été fortement accrue, la sécurité, la tranquillité et la salubrité publiques sont mieux assurées pour un coût relativement modique. La réactivité de la police municipale s'est fortement accrue, grâce à une présence intensifiée sur le terrain et à l'amélioration de l'îlotage. (document 12)

Ce travail d'**exploitation méthodique du dossier à partir d'un plan préconçu** a permis de vérifier son caractère opérationnel : il permet de rendre compte de manière organisée des principales informations du dossier répondant à la commande, avec un bon équilibre entre les différentes sous-parties. Seules quelques menues réorganisations internes à chaque sous-partie sont nécessaires pour améliorer leur cohérence.

Il restera alors à rédiger l'introduction et la conclusion en respectant les conseils méthodologiques liés au cadrage de l'épreuve.

Cette introduction (voir fiche 26) mobilise des éléments du dossier pour entrer en matière, contextualiser, problématiser avant d'annoncer le plan.

Pour aller jusqu'au terme de l'exercice, proposons l'introduction suivante :

(Entrée en matière)

La sécurité apparaît aujourd'hui comme une préoccupation essentielle des Français. Les polices municipales jouent un rôle déterminant par les missions essentiellement préventives qu'elles exercent sous la responsabilité des maires. Les policiers municipaux, dont les compétences ont été progressivement accrues, demandent aujourd'hui à bénéficier de la même reconnaissance que la police nationale. (document 4)

Les polices municipales ont vu leurs effectifs augmenter depuis le début des années 1980 et, triplant en 25 ans, elles représentent aujourd'hui 6 % des forces de sécurité. (document 10)

On compte environ 17 500 policiers municipaux employés par plus de 3 000 communes et une quinzaine d'établissements publics de coopération intercommunale (EPCI). (document 11)

(Contextualisation)

Dans ce contexte, les petites et moyennes communes rencontrent fréquemment des difficultés à assumer seules la charge d'une police municipale. Des dispositions législatives récentes permettent d'une part aux communes de confier à un établissement public de coopération intercommunale (EPCI) le recrutement d'agents mis à leur disposition, d'autre part de mutualiser leurs polices en mettant en commun par convention des agents et des équipements. (document 3)

(Problématique)

Quelles possibilités s'offrent à la commune de Bellevue pour accroître l'efficience de sa police municipale ? Une mutualisation peut-elle être mise en œuvre sans risques ?

- L'**introduction** sera alors ainsi présentée :

La sécurité apparaît aujourd'hui comme une préoccupation essentielle des Français. Les polices municipales jouent un rôle déterminant par les missions essentiellement préventives qu'elles exercent sous la responsabilité des maires. Les policiers municipaux, dont les compétences ont été progressivement accrues, demandent aujourd'hui à bénéficier de la même reconnaissance que la police nationale.

Les polices municipales ont vu leurs effectifs augmenter depuis le début des années 1980 et, triplant en 25 ans, elles représentent aujourd'hui 6 % des forces de sécurité. On compte environ 17 500 policiers municipaux employés par plus de 3 000 communes et une quinzaine d'établissements publics de coopération intercommunale (EPCI).

Dans ce contexte, les petites et moyennes communes rencontrent fréquemment des difficultés à assumer seules la charge d'une police municipale. Des dispositions législatives récentes permettent d'une part aux communes de confier à un établissement public de coopération intercommunale (EPCI) le recrutement d'agents mis à leur disposition, d'autre part de mutualiser leurs polices en mettant en commun par convention des agents et des équipements.
Quelles possibilités s'offrent à la commune de Bellevue pour accroître l'efficience de sa police municipale ? Une mutualisation peut-elle être mise en œuvre sans risques ?
Après une présentation des modalités de mutualisation applicables (I), une évaluation en sera proposée (II).

• Le **titrage des parties** pourra prendra la forme suivante :
I- Les modalités de la mutualisation des effectifs et des équipements de police municipale
La commune de Bellevue peut opter pour une mutualisation fondée sur l'intercommunalité (A) ou sur une police pluricommunale (B).
A. L'hypothèse de la création d'une police municipale intercommunale
(Fiche 1)
B. Le choix d'une police pluricommunale paraît le mieux adapté au contexte local.
(Fiche 2)
(Phrase de transition entre les deux parties)
Au terme de cet examen des deux modalités essentielles de mutualisation des polices municipales, il convient de mettre en balance limites et avantages de la mutualisation.

II- L'évaluation de la mutualisation des polices municipales
Si la mutualisation n'est pas sans limites (A), elle n'en présente pas moins de nombreux avantages (B).
A. Par essence même, la mutualisation présente des dangers.
(Fiche 3)
B. La mutualisation permet incontestablement l'efficience des moyens déployés.
(Fiche 4)

• Proposons une **conclusion** :
Ainsi, la mutualisation des effectifs et des équipements dans le cadre d'une police pluricommunale apparaît comme une option pertinente pour la commune de Bellevue, dès lors que cette police saura rester proche de la population afin de satisfaire au mieux la demande d'une police de proximité.

FICHE 17 RÉDIGER DES FICHES PAR THÈSE

Une **deuxième technique possible**, assez proche de la précédente : l'analyse du libellé du sujet et la lecture de survol m'ont permis de discerner des « incontournables », mais je ne dispose pas encore d'un plan opérationnel.

Astuce du candidat :
Plus je connais tôt dans l'épreuve les informations essentielles du dossier que je vais valoriser, mieux c'est. En fait, je suis souvent « à cheval » entre la méthode « plan préconçu » et la méthode « fiches par thèse ». Souvent, je « tiens » rapidement deux ou trois axes essentiels, et je dois me plonger dans le dossier pour discerner celui ou ceux qui me manque(nt).

1. Méthodologie

Je vais alors **ouvrir autant de fiches que d'axes (ou de thèses) mis en lumière**, sans exclure que l'exploitation méthodique du dossier me conduise à ouvrir des fiches sur des thèses inattendues. Il est aussi possible que des axes qui me paraissaient féconds en début d'épreuve « tombent » d'eux-mêmes, faute d'informations suffisantes dans le dossier pour les alimenter.
Il est également parfaitement normal qu'au terme de ce travail je dispose d'un nombre excessif de fiches au regard du plan « en deux parties et deux sous-parties » que je vise. J'aurai à regrouper certaines « thèses » pour parvenir à un plan clair. Ce travail sera notamment guidé par la « taille » relative des différentes fiches dont je dispose, puisque je vise des sous-parties équilibrées.
Soulignons également l'utilité de pré-concevoir sur tout sujet une fiche « introduction » où l'on placera les arguments pouvant constituer l'entrée en matière, la contextualisation, la définition, voire la problématique (voir fiche 26).

2. Application

Concours externe d'attaché territorial, épreuve de note, session 2014, spécialité administration générale.
(L'intégralité du sujet traité ci-dessous est notamment disponible sur le site www.cdg69.fr, rubrique « sujets ».)

Énoncé

« Vous êtes attaché territorial de la commune d'Alpha, membre d'une structure intercommunale. Suite aux élections municipales, le nouveau maire vous demande de rédiger, à son attention, une note sur les grands enjeux de l'intercommunalité.
Vous rédigerez cette note exclusivement à l'aide des éléments du dossier. »

Documents joints

- Document 1 : L'intercommunalité, hier, aujourd'hui et demain – Extrait de J.-M. Pontier, in M.-C. Steckel-Assouère (dir.) – *Regards croisés sur les mutations de l'intercommunalité* – L'Harmattan – coll. Grale – 1er septembre 2013 – 5 pages
- Document 2 : L'émiettement communal et la coopération intercommunale – Extrait de N. Kada et H. Oberdorff – *Institutions administratives* – Sirey – 2013 – 2 pages
- Document 3 : « Réformer les territoires pour réformer la France » – Tribune du président de la République François Hollande parue dans la presse quotidienne régionale datée du 3 juin 2014 – 2 pages
- Document 4 : L'intercommunalité en France (conclusion générale du rapport) – *Rapport de la Cour des comptes* – 2005 – 3 pages
- Document 5 : Quelle place pour l'intercommunalité dans la campagne des municipales ? – Aurélien Hélias – *Le Courrier des maires* – 24 septembre 2013 – 4 pages
- Document 6 : Extraits de l'exposé des motifs de la loi n° 2014-58 du 27 janvier 2014 relative à la modernisation de l'action publique territoriale et à l'affirmation des métropoles – 3 pages
- Document 7 : L'intercommunalité à fiscalité propre – Extrait du rapport du sénateur Philippe Dallier – n° 193 – février 2006 – 3 pages
- Document 8 : Les métropoles et l'affirmation des évolutions de la topographie juridique – Vincent Aubelle – *Pouvoirs locaux* – n° 99 – décembre 2013-janvier 2014 – 5 pages
- Document 9 : Quand le juge constitutionnel rédige la réforme de l'intercommunalité – Brigitte Menguy – *La Gazette des communes* – 11 juin 2014 – 1 page
- Document 10 : La carte intercommunale au 1er janvier 2014 – Bulletin d'information statistique de la DGCL du ministère de l'Intérieur – n° 98 – janvier 2014 – 4 pages

• Document 11 : Quand la mutualisation fertilise le projet de territoire – Extrait d'un dossier réalisé à partir d'une étude INET-AdCF – *Intercommunalités* – n° 156 – mai 2011 – 4 pages

Analyse de la mise en situation et de la commande

• Le document demandé, en parfaite cohérence avec l'intitulé réglementaire de l'épreuve, est une note.
La collectivité de l'auteur de la note est précisée dans la commande, ce qui permet de remplir le timbre sans aucun risque de rompre l'anonymat de la copie par un signe distinctif prohibé.
L'auteur de la copie est attaché territorial : pour autant, il est inutile de porter « L'attaché territorial » en fin de copie, mention qui pourrait entraîner l'annulation de votre copie pour rupture d'anonymat si d'aventure vous paraphiez ou signiez votre copie.
Le destinataire de la note est le maire de la commune.

• La nature du sujet permet d'augurer que des documents juridiques ou officiels au dossier pourront pertinemment être mentionnés dans la zone des « références ». La simple liste signalétique des éléments du dossier permet de repérer deux rapports officiels et une loi.
Vous pouvez ainsi aisément satisfaire aux obligations formelles de présentation de la note :

> Commune d'Alpha *(date de l'épreuve)*
>
> NOTE
> à l'attention de Monsieur le Maire
>
> Objet : Les grands enjeux de l'intercommunalité
>
> Références : Loi n° 2014-58 du 27 janvier 2014 relative à la modernisation de l'action publique territoriale et à l'affirmation des métropoles
> Rapport du sénateur Philippe Dallier, février 2006
> Rapport de la Cour des comptes sur l'intercommunalité en France (2005)

• La commande ne comporte aucune indication démographique sur la commune d'Alpha, dont il est seulement indiqué qu'elle est membre d'une structure intercommunale (qui peut être aussi bien une communauté de communes qu'une communauté d'agglomération ou une métropole). Cette commande invite à un traitement exhaustif du sujet sans que les données propres à la commune d'Alpha ne le déterminent. La précision selon laquelle le maire est nouvellement élu entend souligner qu'il doit être totalement informé par la note demandée comme s'il ne connaissait pas le sujet, ce qui est l'essence même d'une note.

• L'objet de la note est clair, mais il convient de le garder constamment en tête pour ne pas se perdre dans une approche trop juridique de l'intercommunalité : il s'agit de traiter des **grands enjeux de l'intercommunalité**.
Cette notion d'enjeux peut, avant même que le dossier soit exploité, déclencher le recours à des thèses comme :
– Enjeux juridiques et administratifs / Enjeux politiques
– Enjeux à court terme / Enjeux à moyen et long termes
– Les gains attendus / Les pertes possibles
– Les gains attendus / Les incertitudes
D'autres articulations sont évidemment envisageables, dès lors qu'elles sont construites autour d'un axe « enjeux ».

FICHE 17

Analyse des sources des documents

• Des sources assez variées :
– des textes juridiques : exposé des motifs de la loi MAPAM (document 6) ;
– des documents officiels :
  - rapport du sénateur Philippe Dallier (document 7),
  - rapport de la Cour des comptes (document 4) ;
– des extraits d'ouvrages (documents 1 et 2) ;
– des articles de presse spécialisée : presse spécialisée d'information sur la gestion des collectivités territoriales : *Le Courrier des Maires* (document 5), *Pouvoirs locaux* (document 8), *La Gazette des communes* (document 9), *Intercommunalités* (document 11).

Dates des documents

• La plupart des articles sont contemporains de la session (documents de 2013 ou 2014), ce qui montre toute l'actualité d'un sujet dont un des temps forts est la loi du 27 janvier 2014 relative à la modernisation de l'action publique territoriale et à l'affirmation des métropoles.

• Deux articles sont nettement plus anciens (document 4 : l'intercommunalité en France / document 7 : l'intercommunalité à fiscalité propre), ce qui permet d'augurer que des problèmes anciens n'ont pas encore trouvé de réponse définitive.

• Un plan chronologique de type hier / aujourd'hui ne semble guère pertinent, les documents susceptibles d'alimenter le « hier » paraissant peu nombreux.

Les titres sont-ils signifiants ?

Ce rapide examen préalable des titres portés dans le sommaire du dossier avant la lecture de survol et l'exploitation de celui-ci a pour seul objet de permettre de discerner de grands axes de nature à aider à la construction du plan. Il est possible que le contenu réel des documents s'avère différer pour partie de celui que les titres suggéraient, mais cela est sans réelle importance dans la mesure où l'unique objet de cette analyse est de parvenir à un plan. S'il est toujours conseillé de pratiquer cet exercice sans toutefois y consacrer trop de temps, il peut parfois s'avérer décevant.

• Deux titres paraissent rattacher facilement les documents à quelques grands axes déjà repérés :
Les gains attendus :
- Réformer les territoires pour réformer la France.
- (Un remède à) l'émiettement communal.
- Quand la mutualisation fertilise le projet de territoire.

Les incertitudes :
- Quelle place pour l'intercommunalité dans la campagne des municipales ?
- Quand le juge constitutionnel rédige la réforme de l'intercommunalité

• Les autres titres sont cependant peu signifiants, et un survol du dossier sera nécessaire pour mesurer si d'autres axes émergent.

Un document pivot

Le document 1 paraît constituer une bonne entrée en matière, mais il est sans doute loin d'épuiser le sujet. Le nombre des documents et la diversité des approches qu'ils proposent laissent penser que les informations pertinentes sont éparpillées dans l'ensemble des documents.

Des idées de plan ?

Je ne dispose que d'une structuration rudimentaire à partir de deux thèses : **avantages / limites** ou, un peu plus finement, **gains attendus / pertes possibles**, ou **gains attendus / incertitudes**.

Aussi, j'opte pour la technique d'ouverture de fiches par thèse au fur et à mesure de l'exploitation du dossier. Je conserve provisoirement trace dans chacune de ces fiches des documents d'où proviennent les informations (document 1, etc.), mais ce marquage disparaîtra de la rédaction définitive de la copie.

Fiche 1

L'intercommunalité (remède à l'émiettement communal)
Dans de nombreux domaines (économie, social, culture), les politiques des communes ne peuvent plus aujourd'hui se limiter à leurs frontières. Des équipements sportifs, culturels, sanitaires… ne peuvent plus être conçus à l'échelon communal, d'autant que les ressources financières locales sont aujourd'hui limitées. (document 1)
Une coopération de gestion s'est tout d'abord développée avec la création d'établissements publics territoriaux gérant, pour le compte des communes, des services publics d'intérêt commun au moyen de syndicats intercommunaux à vocation unique (SIVU) ou à vocations multiples (SIVOM). Si la loi du 16 décembre 2010 a entrepris de rationaliser et achever la carte intercommunale, on comptait encore plus de 14 000 syndicats en activité au 1er janvier 2013, dont 70 % de SIVU. Leur nombre diminue, comme celui des SIVOM, au profit d'autres formes de coopération, comme les syndicats mixtes, compétents en matière de collecte et d'élimination des ordures ménagères, de traitement et de distribution d'eau, de tourisme, ou les pôles métropolitains. La coopération de projet repose sur un projet commun intercommunal de développement économique et social pour un ensemble de collectivités, dans le cadre d'établissements publics de coopération intercommunale (EPCI) à fiscalité propre. De la loi du 6 février 1992 à la loi du 16 décembre 2010 qui vise à ce que l'ensemble du territoire soit couvert par des intercommunalités à fiscalité propre, les formules de coopération se sont multipliées : métropoles, syndicats d'agglomération nouvelle, communautés urbaines, communautés d'agglomération, communautés de communes. Au 1er janvier 2013, près de 2 500 EPCI regroupent 36 000 communes comptant 61 millions d'habitants. (document 2)
Si une décision du Conseil constitutionnel du 25 avril 2014 a invalidé le rattachement forcé des communes isolées à un EPCI par le préfet, la loi a évolué en prévoyant une consultation pour avis de l'EPCI de rattachement, de ses communes-membres et de la commune concernée, la commission départementale de la coopération intercommunale pouvant modifier le projet de rattachement. (document 9)
Au 1er janvier 2014, on ne compte plus que 13 400 syndicats. Entre 2012 et 2013, les créations, fusions et extensions d'EPCI ont réduit leur nombre de 436 : on ne compte plus au 1er janvier 2014 que 2 145 EPCI à fiscalité propre. À cette date, 1 903 communautés de communes regroupent 85 % des communes et 44 % de la population. Le reste de la population s'inscrit dans 242 EPCI à fiscalité propre. 563 communes isolées début janvier 2013, que la loi du 16 décembre 2010 obligeait à adhérer à une communauté, sont désormais rattachées à un EPCI à fiscalité propre. (document 10)

Fiche 2

L'émiettement communal
La France compte, en 2013, 36 767 communes, un peu plus de la moitié du nombre total de communes dans l'ensemble des autres pays de l'Union européenne. Les fusions de communes, très rares, ont échoué à réduire cet émiettement, les Français étant très attachés à la démocratie de proximité que permet l'échelon communal. Les finances locales ne peuvent durablement supporter la multiplication des charges et la non-rentabilité des équipements locaux résultant de cet émiettement. À défaut de fusions de communes, la coopération intercommunale est apparue comme le meilleur moyen de rationaliser le fonctionnement des collectivités territoriales. (document 2)

Fiche 3

Le risque d'inefficience de l'intercommunalité
L'ensemble des communes françaises est appelé à court terme à appartenir à un EPCI à fiscalité propre. La coexistence de formules de coopération très diverses exerçant des compétences très différentes, en raison d'un système compliqué de compétences obligatoires, facultatives, optionnelles, déléguées, rend l'organisation intercommunale extrêmement complexe, de nombreux contentieux en témoignent. Les flux financiers entre les communes et les intercommunalités sont en outre très difficilement lisibles, et les citoyens risquent de ne pas être capables de prendre la mesure des budgets des EPCI. Bien souvent, les organisations retenues dépendent plus des gains que les élus en attendent pour leurs collectivités que de schémas rationnels. Cette situation ne pouvant durer indéfiniment, une réforme d'ensemble de l'intercommunalité deviendra de plus en plus indispensable. (document 1)
Les intercommunalités sont aujourd'hui de tailles très différentes avec, parfois, des moyens trop faibles pour porter les projets. À partir du 1er janvier 2017, elles devraient regrouper chacune au moins 20 000 habitants au lieu de 5 000 aujourd'hui. (document 2)
Le rapport du sénateur Philippe Dallier, dès 2006, faisait valoir que « l'intercommunalité a créé un niveau d'administration locale là où on pensait d'abord qu'une simple coordination de l'existant pourrait suffire ». Le développement de l'intercommunalité pose inévitablement la question du meilleur niveau possible d'administration et donc de l'échelon en trop. (document 7)
Faute d'une répartition claire des responsabilités entre communes et communauté, le risque est grand que les services respectifs des unes et de l'autre se rejettent la responsabilité de faire et que personne ne fasse, ou que les deux fassent. Le chantier de la clarification des compétences est loin d'être aujourd'hui achevé. (document 11)

Fiche 4

Le déficit démocratique de l'intercommunalité
L'intercommunalité apparaît comme une administration fonctionnelle certes efficace mais encore politiquement faible, même si la loi du 16 décembre 2010 a institué l'élection des conseillers communautaires au suffrage universel direct dans toutes les communes de 1 000 habitants et plus. De nouveaux modes de gouvernance seront à inventer pour éviter que l'intercommunalité soit trop technocratique et permettre aux citoyens de se l'approprier. (document 2) En 2005, la Cour des comptes fait valoir que « le développement de l'intercommunalité renforce la nécessité de "rendre compte" de manière complète et transparente de l'action communautaire à tous les citoyens […]. Ce sont bien les mécanismes mêmes de la démocratie locale qui devraient évoluer ». (document 4) L'intercommunalité avait été la grande absente des élections municipales de 2008. En 2014, le fléchage, dans les communes de 1 000 habitants et plus, des candidats choisis pour siéger dans les intercommunalités n'est sans doute pas suffisant pour que les enjeux intercommunaux prennent place au cœur des débats électoraux. L'élection au suffrage universel direct de tous les conseillers communautaires demeure un objectif à atteindre. (document 5) Le rapport du sénateur Philippe Dallier, en 2006, souligne que « l'intercommunalité étant devenue un lieu de pouvoir politique et fiscal, elle doit aussi être un lieu démocratique, sauf un jour à perdre sa légitimité ». (document 7)

Fiche 5

Les réformes récentes de l'intercommunalité
La loi dite MAPAM du 27 janvier 2014 entend rendre l'action publique plus efficace en promouvant les échelons les plus pertinents, comme les métropoles. Cette réforme doit contribuer à l'amélioration de l'efficience des politiques publiques. L'article 31 de cette loi instaure la métropole, en réformant les métropoles instituées par la loi du 16 décembre 2010 de réforme des collectivités territoriales : ce nouvel EPCI à fiscalité propre, selon les termes de l'exposé des motifs de la loi, « rayonne sur son environnement régional, national et international et fonctionne en réseau avec les autres grandes villes et les villes moyennes qui l'entourent ». Les organisations préexistantes s'avéraient en effet insuffisantes pour conduire des politiques de développement des territoires à l'échelle européenne. « La métropole est destinée à regrouper plusieurs communes d'un seul tenant et sans enclave et qui s'associent au sein d'un espace de solidarité pour élaborer et conduire ensemble un projet d'aménagement et de développement économique, écologique, éducatif, culturel et social de leur territoire afin d'en améliorer la compétitivité et la cohésion à l'échelle nationale et européenne ». La métropole exerce des compétences transférées par l'État et les communes ainsi que des compétences régionales et départementales issues de transferts facultatifs, par convention. (document 6)

Fiche 6

Les conditions de réussite de l'intercommunalité
Le rapport de la Cour des comptes de 2005 soulignait déjà que la logique de l'intégration des EPCI à fiscalité propre n'était pas toujours aboutie, ni l'intérêt communautaire toujours défini, les moyens demeurant partiellement transférés. Pour que cette intercommunalité réussisse, il faut que l'intégration soit suffisante pour que des projets cohérents de développement et d'aménagement puissent être conduits. (document 4)
L'efficience de l'intercommunalité repose sur de nouveaux modes de fonctionnement : la mutualisation des services apparaît aujourd'hui comme un moyen essentiel d'améliorer les services rendus aux habitants. Elle requiert, pour réussir, aussi bien le développement d'une culture commune aux agents des communes et de la communauté que des guichets uniques territorialisés. Le dépassement du cadre classique de l'administration communale demande du temps, mais devrait aboutir à une administration unique au service d'un projet de territoire. La réussite d'un tel projet requiert que les communes périphériques à la commune-centre perçoivent les gains de la mutualisation, comme le renforcement de l'expertise administrative et juridique, et que les communes dont les services sont mutualisés avec ceux de la communauté conservent des prérogatives. L'existence d'une tradition de coopération entre entités mutualisées est aussi un facteur essentiel de réussite. Coopération technique, partage des services fonctionnels, cumul des deux dans une structure intégrée constituent trois formes possibles de mutualisation. (document 11)

Propositions de plan

• Au terme de ce travail, je dispose de six fiches que je dois organiser en deux parties comprenant chacune deux sous-parties, par exemple sous la forme suivante :

(I) Remède à l'émiettement communal (A),
(fiches 1 et 2)
l'intercommunalité paraît menacée d'un risque d'inefficience (B).
(fiche 3)
(II) Si de nouvelles institutions et de nouveaux modes de fonctionnement entendent y remédier (A),
(fiches 5 et 6)
le déficit démocratique de l'intercommunalité reste à combler (B).
(fiche 4)

FICHE 18 RÉDIGER DES FICHES PAR DOCUMENT

Nous présentons ici une **technique alternative**, plus « besogneuse » que les précédentes mais qui peut s'avérer pertinente lorsque la complexité du sujet rend difficile le discernement des axes essentiels.
Attention toutefois : cette technique requiert un temps… qui fait souvent défaut !

1. Méthodologie

Il apparaît que, dans le cadre de préparations aux concours et examens, certains n'osent pas mettre trop tôt en valeur les principales « thèses », de crainte de survaloriser des axes secondaires et de « passer à côté » de données essentielles.
Aussi préfèrent-ils se livrer à un exercice de prise de notes document par document en n'élaborant pas des fiches par thèse mais **une fiche par document du dossier**.

Pour que cette technique soit efficace, il est indispensable que chacune de ces fiches soit plus qu'un résumé du dossier et que les informations principales soient mises en valeur en marge : à défaut d'une **indexation** des principales informations, vous risqueriez d'éprouver de graves difficultés dans l'élaboration du plan faute d'une mise en valeur suffisante de l'essentiel.
Outre le temps qu'elle requiert, cette technique présente l'inconvénient de rendre parfois tardive l'émergence du plan. Il convient également d'être très attentif, autant que faire se peut, à ne pas écrire deux fois la même chose.

2. Application

Nous vous proposons, à titre d'illustration, une mise en œuvre de cette technique à partir du sujet utilisé dans la fiche précédente (fiche 17).
Par commodité, chaque fois que nous trouvons les mêmes thèses dans différents documents, nous leur attribuons la même numérotation afin de rendre évident leur regroupement lors de la rédaction finale de la synthèse.

Document 1

Thème	Contenu
1. La nécessité d'une réforme de l'intercommunalité	L'intercommunalité française se caractérise par la multiplicité des formules de regroupement, structurellement proches mais dotées de compétences et de pouvoirs très divers. Les flux financiers entre communes et intercommunalités sont extrêmement complexes. Les configurations des intercommunalités sont souvent déterminées par des opportunités financières et par la volonté des élus communaux de conserver des marges de manœuvre. L'uniformité des structures territoriales s'avère aujourd'hui inadaptée : les communautés urbaines et les métropoles traduisent une volonté récente d'adapter les intercommunalités à des réalités territoriales très différentes entre ville et campagne.
2. Le déficit démocratique de l'intercommunalité	Le manque d'informations des citoyens sur les budgets des intercommunalités est un des symptômes de leur caractère peu démocratique.
3. Les vertus de l'intercommunalité	La plupart des interventions locales ne peuvent plus aujourd'hui s'arrêter aux frontières des communes. De nombreux équipements ne peuvent plus être seulement communaux. Les contraintes budgétaires, l'exigence égalitaire des citoyens plaident également pour l'intercommunalité.

Document 2

4. L'émiettement communal	La France compte 36 767 communes, dont 27 301 ont moins de 1 000 habitants. Le fort attachement de la population à cet échelon explique l'échec de la fusion des communes. La commune est l'expression de la démocratie locale : la France compte plus de 500 000 élus locaux.
3. Les vertus de l'intercommunalité	L'émiettement intercommunal rend non rentable de nombreux équipements et alourdit les charges des communes. Les fusions des communes ayant échoué, plusieurs formules de coopération se sont développées : la coopération de gestion consiste en la création d'établissements publics territoriaux gérant un ou plusieurs services pour le compte des communes, comme les SIVU ou les SIVOM. La coopération de projet traduit l'élaboration d'un projet commun de développement économique et social pour un ensemble de collectivités, au moyen d'EPCI. Cette intercommunalité réduit très fortement les effets négatifs de l'émiettement communal.

Document 3

1. La nécessité d'une réforme de l'intercommunalité	Les intercommunalités sont aujourd'hui de tailles très diverses et manquent de moyens. Les intercommunalités, affirme le président de la République en 2014, doivent se renforcer en regroupant au moins, à partir du 1er janvier 2017, 20 000 habitants au lieu de 5 000 actuellement.

Document 4

1. La nécessité d'une réforme de l'intercommunalité	En 2005, la Cour des comptes souligne que la réforme de 1999 a permis la couverture du territoire par de nouvelles formes d'intercommunalités (communautés urbaines, districts, syndicats d'agglomérations nouvelles), mais le paysage a été complexifié et l'intérêt communautaire n'a pas toujours été suffisamment recherché. La mutualisation des moyens a souvent été insuffisante. L'État doit veiller à la cohérence des différents dispositifs et à leur évaluation. Les élus doivent définir les compétences d'intérêt communautaire et percevoir que l'intercommunalité n'est bénéfique que si le développement des territoires et des projets structurants est mis en œuvre à ce niveau.
2. Le déficit démocratique de l'intercommunalité	En 2005, la Cour des comptes fait valoir que « le développement de l'intercommunalité renforce la nécessité de "rendre compte" de manière complète et transparente de l'action communautaire à tous les citoyens [...]. Ce sont bien les mécanismes mêmes de la démocratie locale qui devraient évoluer ».

Document 5

2. Le déficit démocratique de l'intercommunalité	L'intercommunalité avait été la grande absente des élections municipales de 2008. En 2014, le fléchage, dans les communes de 1 000 habitants et plus, des candidats choisis pour siéger dans les intercommunalités n'est sans doute pas suffisant pour que les enjeux intercommunaux prennent place au cœur des débats électoraux. L'élection au suffrage universel direct de tous les conseillers communautaires demeure un objectif à atteindre.

Document 6

5. Les récentes réformes de l'intercommunalité	L'article 31 de la loi dite MAPTAM du 27 janvier 2014 instaure la métropole, en réformant les métropoles instituées par la loi du 16 décembre 2010 de réforme des collectivités territoriales : ce nouvel EPCI à fiscalité propre, selon les termes de l'exposé des motifs de la loi, « rayonne sur son environnement régional, national et international et fonctionne en réseau avec les autres grandes villes et les villes moyennes qui l'entourent ». Les organisations préexistantes s'avéraient en effet insuffisantes pour conduire des politiques de développement des territoires à l'échelle européenne. « La métropole est destinée à regrouper plusieurs communes d'un seul tenant et sans enclave et qui s'associent au sein d'un espace de solidarité pour élaborer et conduire ensemble un projet d'aménagement et de développement économique, écologique, éducatif, culturel et social de leur territoire afin d'en améliorer la compétitivité et la cohésion à l'échelle nationale et européenne ». La métropole exerce des compétences transférées par l'État et les communes ainsi que des compétences régionales et départementales issues de transferts facultatifs, par convention.

Document 7

1. La nécessité d'une réforme de l'intercommunalité	Le rapport du sénateur Philippe Dallier, en 2006, fait valoir que « l'intercommunalité a créé un niveau d'administration locale là où on pensait d'abord qu'une simple coordination de l'existant pourrait suffire ». Le développement de l'intercommunalité pose inévitablement la question du meilleur niveau possible d'administration et donc de l'échelon en trop.
2. Le déficit démocratique de l'intercommunalité	Le rapport du sénateur Philippe Dallier souligne que « l'intercommunalité étant devenue un lieu de pouvoir politique et fiscal, elle doit aussi être un lieu démocratique, sauf un jour à perdre sa légitimité ».

Document 8

5. Les récentes réformes de l'intercommunalité	La métropole est un élément essentiel de la loi relative à la modernisation de l'action publique territoriale et à l'affirmation des métropoles adoptée par le Parlement en décembre 2013. La nouveauté de l'institution dessinée par le maire de Lyon et le président du conseil général du Rhône en fait un outil puissant de transformation des territoires.

Document 9

5. Les récentes réformes de l'intercommunalité	Une décision du Conseil constitutionnel du 25 avril 2014 a invalidé le rattachement forcé des communes isolées à un EPCI par le préfet : aussi, la loi a évolué en prévoyant une consultation pour avis de l'EPCI de rattachement, de ses communes-membres et de la commune concernée, la commission départementale de la coopération intercommunale pouvant modifier le projet de rattachement.

Document 10

5. Les récentes réformes de l'intercommunalité	Entre 2012 et 2013, les créations, fusions et extensions d'EPCI ont réduit leur nombre de 436 : on ne compte plus au 1er janvier 2014 que 2 145 EPCI à fiscalité propre. À cette date, 1 903 communautés de communes regroupent 85 % des communes et 44 % de la population. Le reste de la population s'inscrit dans 242 EPCI à fiscalité propre. 563 communes isolées début janvier 2013, que la loi du 16 décembre 2010 obligeait à adhérer à une communauté, sont désormais rattachées à un EPCI à fiscalité propre.

Document 11

5. Les récentes réformes de l'intercommunalité	L'efficience de l'intercommunalité repose aussi sur de nouveaux modes de fonctionnement : la mutualisation des services apparaît aujourd'hui comme un moyen essentiel d'améliorer les services rendus aux habitants. Elle requiert, pour réussir, aussi bien le développement d'une culture commune aux agents des communes et de la communauté que des guichets uniques territorialisés. Le dépassement du cadre classique de l'administration communale demande du temps, mais devrait aboutir à une administration unique au service d'un projet de territoire. La réussite d'un tel projet requiert que les communes périphériques à la commune-centre perçoivent les gains de la mutualisation, comme le renforcement de l'expertise administrative et juridique, et que les communes dont les services sont mutualisés avec ceux de la communauté conservent des prérogatives. L'existence d'une tradition de coopération entre entités mutualisées est aussi un facteur essentiel de réussite. Coopération technique, partage des services fonctionnels, cumul des deux dans une structure intégrée constituent trois formes possibles de mutualisation.

Proposition de plan

Au terme de ce travail d'identification, document par document, des différentes thèses du dossier sur les enjeux de l'intercommunalité, des regroupements restent à opérer pour parvenir à deux parties comptant chacune deux sous-parties.

Ce travail est moins aisé que dans le cas de la rédaction de fiches par thèse (voir **fiche 17** de l'ouvrage).

Remarque du formateur :

On le voit au terme des parties 1 et 2 de cet ouvrage : les moyens d'exploiter efficacement les commandes et les documents d'un dossier sont multiples. Quelle que soit la méthode mise en œuvre, l'essentiel est de parvenir le plus rapidement possible à un plan tenable.

À vous d'essayer ces méthodes afin de mesurer celle d'entre elles qui vous convient le mieux, sachant que plus le plan émerge tôt dans l'épreuve, plus l'exploitation des informations du dossier est aisée.

PARTIE 3

Rédiger la synthèse

FICHE 19 ÉCRIRE EFFICACEMENT

Vous disposez de fiches synthétiques issues de votre prise de notes à partir des documents au dossier, vous « tenez un plan » : il vous reste à procéder à la **rédaction définitive** de votre copie de concours ou d'examen.

- Cette épreuve requiert des **qualités d'écriture** (fiches 21 et 22) également nécessaires à la réussite d'autres épreuves de concours comme la dissertation de culture générale ou la composition spécialisée.
- Elle obéit également à des **règles formelles** et à des **modes de présentation** (fiches 24 à 27) dont la maîtrise est indispensable à la réussite.
- On peut appliquer à la synthèse la définition que donnait André Siegfried en 1937 de l'épreuve de résumé de texte qu'il avait instituée à l'École libre des sciences politiques (future « Sciences Po Paris ») où il enseignait : « une page pour le roi ».
- Si, en l'espèce, ce n'est pas une page qui est attendue mais généralement 5 à 6 pages, l'expression dit bien les attentes du destinataire de la synthèse, dont le correcteur appréciera si elles sont ou non satisfaites : ce destinataire entend **tout comprendre du sujet sans avoir jamais à se référer aux documents du dossier**.

CONSEIL DU FORMATEUR :
La concision et l'efficacité requises nécessitent que la synthèse soit parfaitement lisible : cette lisibilité requiert une écriture simple, précise, une orthographe et une syntaxe irréprochables. Même si l'on peut légitimement juger efficace un style télégraphique, une rédaction intégrale (pas de phrases sans verbe, pas d'accumulation de tirets...) est ici exigée.

- Écrire clairement, c'est d'abord éviter la **langue de bois**, le remplissage, ou pour reprendre une expression inventée par Bertrand Poirot-Delpech (journaliste, écrivain, académicien aujourd'hui disparu, passionné, notamment, par l'évolution de la langue française) le « RAS », « **remplissage n'ayant rigoureusement aucun sens** » :

« La parole publique – écrivait Bertrand Poirot-Delpech – est confisquée par quelques centaines d'hommes politiques, patrons, experts variés, publicitaires et communicants qui manient langue de bois, euphémismes, jargons technocratiques, métaphores passe-partout et formules faussement savantes, pour capter nos suffrages, masquer la vérité, endormir nos vigilances, nous imposer "idées", images, camelote.

Les victimes de ces tromperies les recopiant par contagion, c'est tout le langage qui risque d'être bientôt perverti en machine à vendre, vidé de sens, suspect, ridiculisé [...].

Pour résister à ces manipulations, beaucoup suggèrent un lexique français-français de descillement, de désintoxication. Voici quelques pistes :

- ABSOLU (impératif, nécessité, etc.) : RAS
- ALLÉGER (les procédures administratives, les charges sociales, les programmes scolaires, etc.) : les remplacer par d'autres
- ANNONCE (effet d') : blabla, laïus, baratin, rideau de fumée, pour faire patienter
- CENTRAL : important (voir fondamental, majeur)
- CLAIR, CLAIREMENT (« il a été tout à fait clair », « il a indiqué clairement ») : RAS
- CONCERTATION (ouvrir, mener, conduire, une grande, une large...) : noyer le poisson (a remplacé : créer une commission)
- CONFIDENCE (je vais vous faire une confidence...) : annoncer sur les ondes, comme si personne n'était au courant, quelque chose que tout le monde sait déjà
- CONJONCTUREL : on n'y peut rien, mais ça peut encore s'arranger (voir structurel)
- DÉFICIT D'EXPLICATION : quand l'opinion renâcle, la faute aux porte-parole, aux médias
- DYSFONCTIONNEMENT : erreur sans cause, la faute à personne, aux autres, à pas de chance
- FAUT (il faut que...) : nous ne l'avons pas fait, nous y pensons sérieusement
- FONDAMENTAL : important (voir central)
- LARGE (tour d'horizon, débat, négociation...) : RAS. Voir vaste
- LOURD (tendances...) : on n'y peut pas grand-chose. Voir structurel
- MAJEUR : important. Voir central, fondamental
- MOMENT (quand le ... sera venu) : quand cela nous arrangera
- NATURELLEMENT : ne me demandez pas pourquoi
- NÉCESSITÉ : toujours absolue. Voir ce mot.
- PERSPECTIVES (ouvrir, tracer...) : parler un peu de l'avenir
- PEU (« J'ai un ... le sentiment que) : je trouve que
- SIGNIFICATIF (augmentation, mesure) : engagement faisant impression, mais non chiffré
- STRUCTUREL : on n'y peut vraiment rien (voir conjoncturel)
- SYNERGIE : copinage moderniste

– TERME (à plus ou moins long…) : bientôt, ou peut-être avant
– TOUT À FAIT : oui (synonymes : absolument, complètement, totalement) »

• On peut ajouter à cette liste d'autres formulations « creuses » auxquelles on préférera de loin des expressions précises :
un certain nombre de (pour : des)
de tout temps (depuis quand, précisément ?)
en quelque sorte, pour ainsi dire (mieux vaut viser la précision !)
finaliser (pour : mener à bien, achever, terminer)
force est de constater que (pour : soulignons, constatons…)
un message *fort* (l'est-il vraiment ?)
gérer (à la place de : régler un problème)
incontournable (pour : indispensable ou inévitable)
initier (pour : commencer)
la société d'aujourd'hui, la société contemporaine (pour : la société)
les tenants et les aboutissants (pour : les causes et les conséquences)

• Les expressions galvaudées sont certes significatives d'une époque : est-ce un hasard si, aujourd'hui, on « gère des problèmes », on « pallie des difficultés par des biais » et si l'« on se doit d'apporter des réponses » ?
Toutes ces expressions traduisent un renoncement à résoudre les problèmes, une tentation d'y remédier provisoirement par des moyens détournés, une tendance à ne reconnaître comme obligations que celles que l'on s'impose à soi-même.

• Malheureusement, les candidats qui écrivent « gérer un problème » pensent « régler », ceux qui emploient « pallier des difficultés » s'imaginent « résoudre » ; confondant les « biais » et les « moyens », ils pensent « doivent » et écrivent « se doivent ». Que dire des mots que beaucoup de candidats affectionnent (stigmatiser, mettre en exergue…) et que l'on trouve employés dans des sens si divers que l'on soupçonne que trop rares sont ceux qui en connaissent véritablement le sens.

FICHE 20 SE MÉFIER DU JARGON ADMINISTRATIF

Quelques conseils supplémentaires afin d'éviter d'indisposer le lecteur-correcteur par un style inutilement pesant…

1. Le jargon administratif

• Écrire clairement, c'est aussi se méfier du « **jargon administratif** » : la nature de l'épreuve (note administrative, par exemple) conduit parfois certains candidats à utiliser cette langue ampoulée que l'administration affectionne trop souvent.
L'administration a en effet tendance à utiliser un langage qui lui est propre et use d'expressions « bavardes », lénifiantes, dans le but de donner un caractère solennel à ses messages, de valoriser ses actions, de masquer ses insuffisances, d'atténuer le caractère impératif de l'ordre ou absolu du refus…

• Quelques exemples de ce **jargon administratif** dont tout candidat (et, plus largement, tout citoyen !) doit se méfier :

Style administratif	On pourrait remplacer par :
Votre lettre en date du… (date)	Votre lettre du… (date)
Je porte à votre connaissance	Je vous informe
Je vous fais connaître	Je vous informe
Votre autorisation vient à expiration	Vous n'êtes plus autorisé
Un refus a été opposé à votre demande	Votre demande a été refusée
Il n'a pas été possible de réserver une suite favorable à votre demande	Votre demande a été refusée
Vous voudrez bien me faire retour du document	Restituez le document
Je fais l'objet d'une mesure de suspension	Je suis suspendu
Ces dispositions se proposent de réglementer	Ces dispositions réglementent
Ce rapport se plaît à signaler	Ce rapport signale
Une erreur s'est glissée dans ce document	Ce document est erroné

FICHE 20

2. Décrypter l'implicite

Méfions-nous également du « non-dit » qui parasite parfois le message d'origine.

Message d'origine	On risque de comprendre :
Une erreur s'est glissée dans ce document	Je me suis trompé mais je ne veux pas l'avouer
Nous avons pris un certain nombre de mesures	Je serais incapable de vous dire précisément quelles mesures nous avons prises
Je vous remercie de votre très précieuse collaboration	Votre travail ne nous sera pas d'une grande utilité
Nous nous sommes livrés à une enquête approfondie	Nous avons opéré une vague vérification
Un contrôle très sérieux nous a permis de…	Nous avons opéré une vague vérification
Une impérieuse nécessité nous a contraints à…	Ne me demandez surtout pas laquelle !
Nous ne ménagerons pas nos efforts pour…	Nous attendrons que ça se passe…

3. La lisibilité des textes

Conseil du formateur :
Écrire clairement, c'est encore **rédiger des phrases courtes** en évitant les mots « compliqués ».

- Des chercheurs américains, dans les années trente, ont mis au point des formules de calcul permettant de mesurer la **lisibilité** des textes. Plusieurs systèmes existent aujourd'hui : Richaudeau, Haas et Gunning adapté au français par Conquet.

Dans ce dernier système, deux paramètres sont à considérer pour mesurer la lisibilité : la longueur (**L**) d'une phrase mesurée en nombre de mots ; la proportion (**P**) de mots « longs », c'est-à-dire de plus de trois syllabes, mesurée également en nombre de mots.
La formule est la suivante : **Indice (I) = (L + P) × 0,4**.

- Mesurons par exemple la lisibilité de la phrase suivante :

« L'environnement et le contexte global changent : complexité croissante, évolution des valeurs socioculturelles, mondialisation de l'économie et changement dans la distribution du travail, concurrence régionale ouverte mais

régulée, modifications sociales et démographiques (vieillissement, fracture sociale…), changement dans l'organisation de l'espace (métropolisation, étalement urbain…). »
Cette phrase compte **(L)** *46 mots dont 15* **(P)** *de plus de 3 syllabes.*
I = (46 + 15) x 0,4 = 61 x 0,4 = 24,4.

- On peut considérer, sans dogmatisme excessif, qu'un « bon » indice de lisibilité tourne autour de 12 ou 14 : c'est celui des grands quotidiens. La phrase reproduite ci-dessus est donc peu « lisible » au sens que Conquet donne à ce mot.

Astuce du candidat :
Quand je rédige une synthèse, pour être efficace, je compose dans toute la mesure du possible des phrases courtes, du type sujet, verbe, complément. J'évite de me perdre dans des propositions relatives compliquées. En même temps, je fais particulièrement attention à **relier les phrases entre elles** afin d'en renforcer le sens.

FICHE 21 CHOISIR LE BON REGISTRE

Écrire clairement, c'est enfin adopter le **registre de langue** adapté à l'épreuve, en sachant ne pas abuser du registre soutenu tout en se gardant du registre relâché.

Entraînement

Dans les tableaux suivants, des mots manquent, appartenant à différents registres de langue.
À vous de compléter ces tableaux.

Registre de langue		Exemple 1	Exemple 2	Exemple 3	Exemple 4
Soutenu	*Littéraire*	La maréchaussée	Se fourvoyer		Un errement
	Technique			Décéder	Un dysfonctionnement
Degré zéro		La police	Se tromper		
Relâché	*Familier*	Les flics		Casser sa pipe	Un loupé
	Vulgaire	Les poulets	Se foutre le doigt dans l'œil	Clamecer	

Registre de langue		Exemple 5	Exemple 6	Exemple 7	Exemple 8
Soutenu	*Littéraire*				
	Technique	Les espèces La monnaie fiduciaire			Le centre pénitentiaire
Degré zéro			Je t'aime	Se soûler	
Relâché	*Familier*	L'oseille La thune Le pèze Le fric	J'te kiffe grave J'tai dans la peau		La tôle
	Vulgaire				

Corrigé

Registre de langue		Exemple 1	Exemple 2	Exemple 3	Exemple 4
Soutenu	*Littéraire*	La maréchaussée	Se fourvoyer	Trépasser	Un errement
	Technique	**Les forces de l'ordre**	**Commettre une erreur**	Décéder	Un dysfonctionnement
Degré zéro		La police	Se tromper	**Mourir**	**Une erreur**
Relâché	*Familier*	Les flics	Se gourer	Casser sa pipe	Un loupé
	Vulgaire	Les poulets	Se foutre le doigt dans l'œil	Clamecer	**Une couille**

Registre de langue		Exemple 5	Exemple 6	Exemple 7	Exemple 8
Soutenu	*Littéraire*	**Les pécunes Le viatique Le pécule**	**Vas, je ne te hais point Je suis épris de toi**	**S'enivrer**	**La geôle Les fers**
	Technique	Les espèces La monnaie fiduciaire		**S'alcooliser S'aviner**	Le centre pénitentiaire
Degré zéro		**L'argent**	Je t'aime	Se soûler	**La prison**
Relâché	*Familier*	L'oseille La thune Le pèze Le fric	J'tai dans la peau	**Se cuiter**	La tôle **Le gnouf**
	Vulgaire	**La caillasse Les pépètes**	J'te kiffe grave	**Se biturer Se bourrer la gueule**	**Le trou**

Pour conclure cette fiche, le meilleur des styles sera inspiré par ce vers de Paul Verlaine (dans *L'Art poétique*, 1874) :
« Sans rien en lui qui pèse ou qui pose. »

FICHE 22 ÉVITER LES PIÈGES DE L'ORTHOGRAPHE

Il est évidemment hors de question de se livrer ici à un cours d'orthographe, d'autant que la résolution des problèmes d'orthographe auxquels vous êtes peut-être confronté ne saurait relever d'un cours. Quelques remarques de bon sens s'imposent toutefois.

- Les observations des correcteurs et des membres des jurys sur les défaillances de l'orthographe abondent, au risque d'une culpabilisation stérile de leurs auteurs. On lit souvent que « le niveau baisse » et que « les jeunes ne maîtrisent plus l'orthographe ».

- On peut d'ailleurs s'interroger sur la pertinence des exigences orthographiques à l'heure où les correcteurs orthographiques de nos logiciels, si peu intelligents soient-ils, pallient largement les insuffisances humaines en la matière.

- Pour autant, les exigences en matière d'orthographe demeurent et, même si certains correcteurs tendent à ne pas toujours appliquer les **barèmes** avec la rigueur attendue, ceux-ci les invitent toujours à pénaliser, parfois assez lourdement, les fautes d'orthographe.

- À titre d'exemple, la plupart des épreuves des concours et examens de catégories A et B organisés par les centres de gestion de la fonction publique territoriale comportent des pénalités orthographiques de type « plus de 10 fautes d'orthographe : moins 2 points », ou « plus de 10 fautes d'orthographe ou de syntaxe : moins 2 points ». On mesure facilement combien la moindre faiblesse en orthographe peut coûter cher, surtout aux concours ou examens ne comportant qu'une seule épreuve écrite d'admissibilité : à titre d'exemple, une seule faute d'orthographe, à partir de la 11e faute, peut empêcher un candidat de devenir admissible au concours interne ou de troisième voie d'attaché territorial qui, depuis 2010, ne comporte plus qu'une seule épreuve d'admissibilité consistant en un rapport avec propositions. Dans l'hypothèse où un jury fixe à 10,00 le seuil d'admissibilité, le candidat ayant obtenu 10,00 avant que 2 points ne lui soient enlevés parce qu'il a « commis » 11 fautes d'orthographe, échoue.

- Soulignons également que l'orthographe est souvent plus pénalisante que prévu par les barèmes, de nombreux correcteurs s'interdisant d'attribuer des notes élevées à d'excellentes copies lorsque leur orthographe est gravement fautive.

• La liste des **fautes d'orthographe** et des impropriétés est évidemment inépuisable, cependant quelques fautes reviennent de manière récurrente dans les copies, comme :
- *Émergeance* (pour : émergence)
- *Exigeances* (pour : exigences)
- *Être en but à* (pour : être en butte à)
- *Boulversement* (pour : bouleversement)
- *Repaire* (alors qu'il s'agit de « repère » : le repaire, c'est le lieu de refuge de bêtes sauvages ou des individus dangereux ; notre besoin de repères ne serait-il que la recherche d'un repaire ?)
- *Palier à* (pour : pallier, verbe transitif direct : on pallie un problème, c'est-à-dire qu'on trouve une solution provisoire)
- *De part* sa Constitution, la France (pour : de par)
- *Quelque* (à la place de « quel que » : les difficultés, quelles qu'elles soient…)
- *Encré dans les esprits* (à la place de « ancré » : sans doute s'agit-il d'encre indélébile…)
- *Baser sur* (incorrect : on doit écrire « fonder sur »)
- *Voir* (à la place de « voire » : un homme, voire deux, ont sans doute pénétré dans cette maison))
- *Tout à chacun* (pour : tout un chacun)
- *Être juge et parti* (pour : juge et partie : n'allons pas soupçonner tous les juges de partis pris idéologiques !)
- *Ilettré, illétré* (pour : illettré)

• Pour faire sourire, terminons par (cherchez l'erreur) :
Un pied d'estale
Une vie descente
Les enjeux sont différends
Le bas blesse
Hardue
Les soubresaults
Le partenaria
Des cours d'analphabétisation

FICHE 22

Astuce du candidat :
Chaque fois que je doute de l'orthographe d'un mot, j'essaye de trouver un synonyme qui ne me pose pas de problème. Je fais également en sorte d'éviter les constructions imposant des accords complexes des participes.

• Nous ne pouvons guère donner ici que quelques conseils de bon sens :
– écrivez moins pour écrire mieux ;
– le bénéfice du doute n'existe pas (lorsqu'un mot est presque illisible, le correcteur le tiendra souvent pour fautif) ;
– évitez les mots lorsque vous doutez de leur orthographe, utilisez des synonymes ;
– évitez les tournures (ici correctement orthographiées) génératrices de fautes (« quelles qu'aient pu être les difficultés rencontrées », « les nombreuses erreurs qu'ils ont relevées »...) ;
– ménagez un temps de relecture suffisant avant le terme de l'épreuve. Trop de copies de concours laissent le sentiment que les surveillants les ont arrachées des mains des candidats.

Conseil du formateur :
Mieux vaut écrire moins et écrire bien. Une orthographe lourdement défaillante pénalise gravement. J'ai la conviction que l'on « passe » parfois à côté de copies qui seraient bonnes si leur orthographe était correcte.

FICHE 23 PRATIQUER LA CHASSE AUX FAUTES

L'entraînement au repérage des fautes n'est pas chose courante. Si enseignants et correcteurs d'épreuves de concours pratiquent souvent l'exercice, les candidats doivent également s'y entraîner.

Celui qui vous est proposé ici vous permet surtout de mesurer toute la difficulté de repérer rapidement **toutes** les fautes, tant nous avons tendance à lire non ce qui est écrit mais ce que nous voulons lire. Et il faut bien reconnaître que la relecture des écrits de l'autre est plus facile que celle de ses propres écrits : relire comme si « je » était un autre est plus facile à dire qu'à faire !

Entraînement

En lisant le texte le plus rapidement possible, et en **une seule lecture**, soulignez dans le texte les mots fautifs.

La culture vaut bien 435 kilomètre d'autoroute

ANALYSE
Par Clarisse Fabre
Service Culture

En 1966, alors qu'il défendait le budget des maisons de la culture, André Malraux avait lancé cette phrase aux députés : « Mesdames et messieurs, ce que je vous demande, c'est exactement vingt-cinq kilomètres d'autoroute. » La décentralisation culturelle vivait ces dernières années, et le ministre des Affaires culturelles souhaitait minimiser les sommes enjeux.
Cette citation de Malraux a été exhumée, il y a quelque jours, par le rapporteur spécial de la commission des finances, le socialiste Pierre-Alain Muet, à l'occasion du vote en première lecture du budget de la culture pour 2014, mercredi 13 novembre.
Il s'agissait de montrer, près de cinquantes ans plus tard, que les sommes en jeu sont toujours dérisoires. M. Muet ne cache pas son désaccord avec la décision du gouvernement de diminuer de nouveau l'envelope de la Rue de Valois (– 2,5 %), comme en 2012. Les économies escomptés sont « une goutte dans l'océan des déficits », mais les conséquences peuvent être très dommagables sur le terrain, dit-il.
La droite n'a jamais osé le faire, entre 2007 et 2012, mais la gauche l'assume : c'est la crise et la culture doit, elle aussi, contribué au redressement des comptes publics – même si quelques secteurs, comme l'éducation ou la justice, sont heureusement épargné. François Hollande n'a pas tenu sa promesse de campagne quand il parlait de « sanctuariser » la culture. Certes, il n'avait pas annoncé le grand soir, ni prôné le doublement du budget, comme l'avait fait Martine Aubry durant la primaire socialiste.

De fait, la mission « culture » pèse moins de 1 % du budget de l'État : elle comprends la création – spectacle vivant, arts plastiques… –, la transmission des savoirs et la démocratisation culturelle, ainsi que le patrimoine, pour une envelope totale de 2,7 milliards d'euros. Soit 435 kilomètres d'autoroute, si l'on actualise la métafore de Malraux – le coût moyen d'un kilomètre étant estimé actuellement à 6,2 milliards d'euros. Certain diront que l'on a fait du chemin depuis les années 1960 ; d'autres répondront que l'on ira pas bien loin en 2014.
Si l'on ajoutent les crédits consacrés aux médias, à la lecture et aux industries culturelles, le budget global du ministère de la Culture s'établit à 7,26 milliards d'euros. En bon soldat, la ministre de la Culture, Aurélie Filippetti, répète qu'« une politique culturelle ne se résume pas à une acumulation de dépenses ».
Certe, mais personne n'est dupe. Et la parole se libère au sein du PS. Le rapporteure spécial de la commission des finances publiques estime que la baisse du budget culture pour 2014 est « un non-sens économique » et rappelle, par exemple, que les gains de productivitée du travail sont inexistants dans le spectacle vivant : une représentation du *Médecin malgré lui* ou une interprétation de *La Flûte enchantée* nécessitent à peu prêt la même quantité de travail qu'à l'époque de Molière ou de Mozart.

Des coûts croissants

Le secteur est ainsi confronté par essence à des coûts croissants, et l'on ne pourra le préserver qu'à la condition de le soutenir par un financement public important, et qui doit augmenter. M. Muet n'accable pas pour autant la ministre et salue ses choix clairs : arrêter quelques grands chantiers dispendieux, faire peser l'effort principalement sur les gros vaisseaux (Opéra de Paris, etc.) ou conforter les crédits de l'éducation artistique et culturelle – 39 millions d'euros, soit 6 kilomètres d'autoroute.
Reste à changer les mentalités. En 2013, la culture doit toujours justifier son existance. Comme si la beautée d'une œuvre, qui elle peut changer la vie, ne suffisait pas. Que dit-on, à droite comme à gauche ? Que la culture est source de développement économique, qu'elle attire des touristes, génère des nuits d'hôtel, crée des emplois, etc. Une fois que l'on a dit sa, la culture ne fait (presque) plus débat.
Une récente étude, intitulée « Panorama économique des industries culturelles et créatives en France », montre qu'avec un chiffre d'affaires de 75,6 milliards d'euros la culture se place désormais devant l'industrie automobile. On a décidément dû mal à décoler du bitume, même si l'intention est louable : munis de ces chiffres-clés, les sociétés de droit d'auteur (Sacem, SACD…), constitués en lobbies, veulent peser d'avantage dans les arbitrages de la Commission européenne et sauvegarder l'exception culturelle.
Un autre rapport du même, émanant cette fois-ci des services ministériels, sera bientôt dévoilé : des inspecteurs généraux des finances, et leurs homologues aux affaires culturelles, ont été charger d'évaluer les retombées économiques et sociales du secteur culturel.
Avec cette étude maison, validée par le tampon de Bercy, Mme Filippetti entends montrer que la culture ne génère pas que des dépenses, dans le but tout aussi légitime de clouer le bec au populisme ambiant – les artistes sont des privilégiés, ils nous coûtent cher, etc. « Pas de redressement productif sans redressement créatif », répète la ministre.
Nul ne sait si les auteurs de ce rapport, attendu fin novembre, vont évaluer l'impacte de la baisse du budget de la culture : combien d'emplois perdu et de recettes en moins pour les musés et les salles de spectacle ?

Le Monde, 16 novembre 2013

Temps de lecture :	.... minutes .... secondes
Nombre de fautes :	.... fautes

Corrigé

Les mots comportant des fautes sont, dans l'ordre du texte, les suivants (en gras) : **kilomètre** (dans le titre), **ces** (dernières années), (les sommes) **enjeux, quelque** (jours), **cinquantes** (ans), **envelope** (de la rue de Valois), (économies) **escomptés, dommagables** (sur le terrain), **contribué** (au redressement), **épargné**, (elle) **comprends** (la création), **envelope** (totale), **métafore** (de Malraux), **certain** (diront), **on ira pas** (bien loin), (si l'on) **ajoutent** (les crédits), **acumulation** (de dépenses), **certe**, (le) **rapporteure** (spécial), **productivitée** (du travail), (à peu) **prêt**, (justifier son) **existance**, **beautée** (d'une œuvre), (que l'on a dit) **sa**, **dû** (mal à) **décoler**, **munis** (de ces chiffres-clés), **constitués** (en lobbies), (peser) **d'avantage**, **charger** (d'évaluer), **entends** (montrer), **impacte** (de la baisse), (emplois) **perdu**, **musés**.

Nombre de fautes : 34

Le texte correctement orthographié est reproduit en p. 18 à 19 (fiche 4)

FICHE 23

FICHE 24 RESPECTER LES RÈGLES FORMELLES DE PRÉSENTATION

1. Timbre, destinataire, objet

• Les épreuves de synthèse obéissent à des règles formelles particulières qui ne posent pas de difficulté mais peuvent jouer « à la marge » dans l'appréciation – donc la notation – de la copie par les correcteurs.

• S'il n'existe généralement pas de barème de correction très pénalisant pour la transgression de ces règles (on trouve parfois des barèmes qui la pénalisent de moins un point), montrer qu'on les maîtrise ne peut que contribuer à une première impression favorable du correcteur. Cela révèle en toute hypothèse un candidat qui s'est préparé à l'épreuve.

• Il convient également, sous peine d'annulation de la copie (c'est-à-dire de l'attribution de la note 0), d'être très attentif à ne porter sur la copie aucun signe distinctif qui pourrait être considéré comme une rupture d'anonymat.

• Les sujets portent par exemple la mention suivante : « Les candidats ne doivent porter aucun signe distinctif sur les copies : pas de signature (signature à apposer uniquement dans le coin gommé de la copie à rabattre) ou nom, grade, même fictifs. Seuls la date du concours et le destinataire (celui-ci est clairement identifié dans l'énoncé du sujet) sont à porter sur la copie.
Les feuilles de brouillon ne seront en aucun cas prises en compte. »

2. Concilier le formalisme requis en préservant l'anonymat de la copie

• Les **préconisations** suivantes le permettent :
– lorsque des informations (collectivité de l'auteur de la synthèse, direction ou service d'affectation, destinataire) sont fournies par la commande, utilisez-les pour « remplir le timbre » ;
– lorsqu'aucune information n'est fournie, ne « remplissez » pas le timbre, mais montrez votre connaissance des règles formelles de présentation, sans risquer l'annulation pour rupture d'anonymat, en indiquant :

Collectivité… Service…	Le (date du concours)

NOTE
à l'attention de…
Objet : (thème)

Références : (au sens de références des textes juridiques ou officiels)

- « Panachez » les deux premières préconisations lorsqu'une partie seulement des informations est donnée par la commande (par exemple la collectivité, mais ni le service ou la direction ni le destinataire).

Ville de Gabert-sur-Vernisson Service…	Le (date du concours)

NOTE
à l'attention de…

Objet : (thème de la note)

Références : (au sens de références des textes juridiques ou officiels)

3. La zone des références

- L'utilisation de la zone des références, qui ne doit pas être confondue avec une liste bibliographique, est généralement considérée comme facultative : elle présente l'avantage, dès lors qu'un texte est précisément référencé (exemple : loi constitutionnelle n° 2003-276 du 28 mars 2003 relative à l'organisation décentralisée de la République), de permettre d'y faire référence dans le développement sans s'embarrasser de précisions déjà apportées (exemple : la loi constitutionnelle de 2003).

- L'attention des candidats doit toutefois être attirée sur la nécessité de respecter la hiérarchie des normes (traité, Constitution, loi organique, ordonnance, décret, arrêté, circulaire…) et de discerner les textes principaux. Soulignons également qu'un texte référencé peut être **présent** dans le dossier ou **cité** par des documents au dossier.

Par prudence, on abandonnera toute mention de qualité de l'auteur de la synthèse en fin de copie.

4. La rupture d'anonymat

• À noter que les ruptures éventuelles d'anonymat sont jugées non par les correcteurs eux-mêmes mais par le jury, seul à même de statuer au vu de l'ensemble des cas. Si 50 copies sur 200 comportent des paraphes illisibles des candidats, ce ne sont pas des signes distinctifs ; si, en revanche, une seule copie sur 2 000 est paraphée, c'est un signe distinctif !
Attention : l'annulation est loin d'être une hypothèse d'école !

• Les causes d'annulation des copies pour rupture d'anonymat fréquemment relevées dans les copies sont les suivantes :
- **Dans le timbre :**
  - Nom et prénom du candidat
  - Nom et prénom fictifs
  - Nom de la collectivité du candidat
  - Nom d'une autre collectivité existante
  - Nom d'une collectivité fictive (autre que celle éventuellement mentionnée dans la commande)
  - Référencement fictif (par exemple : initiales du rédacteur/date de rédaction/n° d'ordre)
- **Dans le développement :**
  - Soulignement des titres dans une autre couleur que celle du texte
  - Utilisation de « stabilo » pour mettre en valeur telle ou telle information
- **En signature :**
  - Nom et prénom du candidat
  - Paraphe lisible du candidat
  - Nom et prénom fictifs
  - Paraphe illisible
- **Encres « distinctives » d'une couleur** autre que le bleu ou le noir.

Conseil du formateur :
Il est consternant de voir de bons candidats éliminés par annulation de leur copie parce qu'ils l'ont personnalisée à outrance.
Je dis souvent à mes stagiaires : « Soyez paranoïaques ! »

FICHE 25 SERVIR LE FOND PAR LA FORME

L'objectif de toute synthèse est bien connu : informer efficacement un destinataire qui ne connaît pas le sujet.
Aussi, tout ce qui vous permet de **faciliter l'accès rapide à l'information** est non seulement bienvenu mais aussi très fortement préconisé.

1. La matérialisation du plan

• Il est ainsi vivement conseillé de **matérialiser le plan suivi** en titrant les parties et les sous-parties : cela permet non seulement de vérifier si le plan annoncé « fonctionne » réellement mais aussi de repérer très facilement l'information à laquelle on veut accéder.

• À cette fin, vous pouvez par exemple utiliser les chiffres romains (I, II) pour les parties et les lettres capitales (A, B) pour les sous-parties.
Vous pouvez également souligner les titres des parties, voire des sous-parties, sous réserve de ne pas introduire de signes distinctifs.

• La numérotation des parties et des sous-parties au niveau de l'annonce du plan est possible,
Exemple : (I) La création d'un site Internet permet de développer la démocratie locale (A) et de contribuer au rayonnement de la collectivité (B), (II) mais le site ne sera pas viable si l'organisation des services n'est pas repensée (A), ni les risques juridiques et financiers bien maîtrisés (B)
même si certains correcteurs jugent parfois qu'elle alourdit inutilement la présentation : mieux vaut être un peu lourd et clair qu'élégant et confus.

• Le défaut de coïncidence entre le plan annoncé et les titres choisis pour les parties et les sous-parties est assez fréquent chez les candidats : on peut l'expliquer par une crainte de la répétition qui conduit à reformuler. Ce souci est louable, mais une reformulation ratée conduit souvent à « dire » autre chose dans les titres que ce qui a été annoncé dans l'annonce de plan. On ne court pas ce risque si l'on rédige une annonce de plan qui peut se découper en autant de « tranches » que de titres de parties et sous-parties.

2. L'annonce de plan

Deux techniques légèrement différentes d'annonce de plan sont possibles :
– l'annonce des parties (la plus orthodoxe) ;
– l'annonce des parties et des sous-parties (moins orthodoxe, mais très efficace).

L'annonce des parties (la plus orthodoxe)

Exemple de présentation :
(dernier paragraphe de l'introduction)
La création d'un site Internet apparaît comme un outil de développement local (I), pour peu que des précautions soient prises (II)
(début du développement)
I- Un outil de développement local
(bref chapeau introductif)
Un site Internet est à la fois un bon moyen de développer la démocratie locale (A) et de contribuer au rayonnement de la collectivité (B)
A. Le développement de la démocratie locale
B. Le rayonnement de la collectivité
(phrase de transition : ainsi…, mais…)
II- Les précautions à prendre
(bref chapeau introductif)
La pérennité du site requiert une réflexion sur la réorganisation des services (A) et une maîtrise des risques juridiques et financiers (B)
A. L'organisation des services doit être repensée
B. Les risques juridiques et financiers doivent être précisément mesurés
(conclusion : ainsi…)

L'annonce des parties et des sous-parties

Exemple de présentation :
(dernier paragraphe de l'introduction)
(I) La création d'un site Internet permet de développer la démocratie locale (A) et de contribuer au rayonnement de la collectivité (B), (II) mais le site ne sera pas viable si l'organisation des services n'est pas repensée (A), ni les risques juridiques et financiers bien maîtrisés (B).
(début du développement)
I- Un site au service de la démocratie locale et du rayonnement de la collectivité
A. Le développement de la démocratie locale
B. Le rayonnement de la collectivité
(phrase de transition : ainsi..., mais…)
II- La nécessité de réorganiser les services et de maîtriser les risques
A. Une organisation des services à repenser
B. Des risques juridiques et financiers à maîtriser
(conclusion : ainsi…)

3. La présentation du développement

C'est également un outil essentiel dont vous devez vous servir pour améliorer la lisibilité de votre copie en rendant sa structure la plus évidente possible. Le destinataire/lecteur/correcteur peut passer à côté d'une organisation qui ne serait pas suffisamment apparente.

Au-delà des titrages, il faut aussi utiliser de façon logique les sauts de ligne(s), les retraits par rapport à la marge, par exemple :

– On saute 3 lignes entre l'introduction et le développement comme entre le développement et la conclusion.
– On saute 2 lignes entre la première partie et la deuxième partie.
– On saute 1 ligne entre deux sous-parties.
– On ne saute pas de ligne entre les paragraphes de chaque sous-partie mais on marque un retrait (toujours le même) par rapport à la marge pour la première ligne de chaque paragraphe.

Notons qu'une phrase de transition est généralement requise entre chacune des parties.

4. Un développement clair car organisé

• Votre développement doit être **réellement** organisé. Une synthèse organisée n'est pas seulement une synthèse clairement structurée en parties et en sous-parties : encore faut-il que les sous-parties ne soient ni le lieu d'un déversement d'informations en vrac, ni une juxtaposition d'informations : il est indispensable que les informations soient elles-mêmes organisées et que cette organisation soit rendue évidente par des **mots de liaison** (ou connecteurs logiques) sans lesquels ces informations apparaissent juxtaposées.

• La juxtaposition d'informations procède souvent d'une synthétisation insuffisante qui conduit les candidats à « coller » de façon parfois hasardeuse des informations diverses sur un même sujet recueillies dans le dossier.

Astuce du candidat :
J'ai compris que, dans toute épreuve, la « séduction » joue un rôle essentiel. Alors, je soigne la présentation, j'écris du mieux que je peux et je rends mon plan limpide par les titres et par les retraits et sauts de lignes.

FICHE 26 INTRODUIRE

Organisée, la synthèse doit comporter une **introduction**, un développement – visiblement structuré en parties et sous-parties – et une conclusion.

REMARQUE DU FORMATEUR :
Les candidats ne mesurent pas toujours combien l'introduction est stratégique à un double titre. D'abord parce qu'elle donne une première idée du candidat, qui va souvent perdurer. Et, encore plus essentiellement, parce qu'elle annonce le plan.

1. L'introduction

• Les stagiaires et les candidats sont parfois troublés par la diversité des approches possibles. Ils doivent mesurer que même si ce type d'épreuve paraît assez proche des réalités professionnelles, elle n'est pas épargnée par un certain académisme… qui ne les expose cependant pas à des difficultés majeures dès lors qu'ils respectent quelques règles de base.

• On considère généralement en synthèse qu'une introduction comprenant entre **une quinzaine et une vingtaine de lignes** est nécessaire et suffisante. Les introductions trop longues présentent l'inconvénient de vider le développement d'une partie de sa substance, parfois même de se substituer à une sous-partie dont l'absence provoque l'inachèvement de la synthèse.

2. La construction type d'une introduction

Une entrée en matière (ou « accroche » = une ou deux phrases)

• Suivant le sujet, cette entrée en matière pourra consister, par exemple, en :
- l'approche historique ou géographique d'un phénomène ;
- des données chiffrées significatives ;
- une expérience récente particulièrement éclairante (saynète, par exemple)…

• Cette entrée en matière est-elle nourrie par le dossier ou des éléments extérieurs peuvent-ils y prendre place ?
Si le cadrage de l'épreuve ne vous dit rien à ce sujet ou si ce cadrage n'existe pas, vous pouvez sans inconvénient aucun utiliser des éléments du dossier pour « entrer en matière ».
Parfois, certains cadrages requièrent du candidat l'apport de quelques connaissances personnelles en début d'introduction.

Une définition (si nécessaire)

• On veillera évidemment à ce que cette définition soit brève et n'épuise pas, par exemple, une sous-partie, mais il est souvent bienvenu de définir ce dont on va parler avant d'en parler.

• Ou **un bref rappel du contexte juridique**
Les dossiers juridiques se prêtent fréquemment à un bref rappel des textes intervenus antérieurement aux nouvelles dispositions qui font l'objet de la synthèse.

Une reformulation de la commande (ou problématique)

• Toute commande pose question, plus ou moins explicitement. Il convient de reformuler cette commande dans les termes posés par le dossier.
Cette reformulation est généralement formulée sous forme affirmative, mais il est également envisageable de la rédiger sous une forme interrogative.

• L'attention des candidats doit être cependant attirée sur la nécessité de bien ajuster la reformulation de la commande aux enjeux du dossier et de se méfier de problématiques trop formelles (rhétoriques) et trop imprécises sur le fond.

• Cette rédaction peut être aisément mise en œuvre une fois l'annonce de plan rédigée, l'annonce de plan étant l'annonce des réponses que la synthèse apporte aux questions posées dans la problématique.

L'annonce de plan

• Faites clairement de votre annonce de plan le dernier (mini) paragraphe de votre introduction.
Pour peu que, malgré nos conseils, vous n'utilisiez pas les « balises » I et II, voire A et B, l'annonce de plan risque d'être difficilement perceptible si elle est « noyée » dans le reste de l'introduction.
N'écrivez rien de plus après l'annonce de plan dans l'introduction. Certains candidats écrivent parfois une phrase de transition entre l'annonce de plan et le développement. Non seulement cela est totalement inutile, mais vous risquez en outre de laisser croire que vous annoncez une autre partie ou sous-partie, évidemment absente puisque telle n'était pas votre intention, ce qui n'est pas du meilleur effet !

• Nous vous conseillons vivement de **rédiger intégralement votre introduction au brouillon**.

L'introduction est en effet un passage stratégique de votre synthèse :
– stratégique parce qu'elle donne à votre lecteur / correcteur une première impression qui peut peser durablement sur son appréciation, en bien comme en mal ;
– stratégique également parce qu'elle annonce votre plan et peut en outre contenir des informations attendues et éclairantes, comme une définition.
Bien évidemment, votre introduction ne doit comporter aucune faute d'orthographe ou de syntaxe, parce que celles-ci sont ici encore plus voyantes qu'ailleurs.

FICHE 27 DÉVELOPPER, CONCLURE

1. Développer

• Comme on l'a vu, le plan en deux parties comptant chacune deux sous-parties s'est largement imposé sur ce type d'épreuve, comme, d'ailleurs, dans les compositions spécialisées, voire même dans les dissertations de culture générale.

Toutefois, si vous ne parvenez pas à « boucler » un plan en deux parties et deux sous-parties parce que vous ne disposez que de trois axes majeurs, **vous pouvez vous risquer à un plan en trois parties**, comprenant par exemple deux sous-parties chacune.

Ce n'est certainement pas le plan le plus apprécié, mais rien n'est pire que d'annoncer un plan en deux parties et deux sous-parties… dont la dernière sous-partie de fait n'existe pas.

Ce défaut est très répandu dans les copies de synthèse, sans doute pour deux raisons différentes : le manque de temps, qui laisse inachevées nombre de copies, mais aussi, très certainement, la tendance humaine à remettre à plus tard ce qu'on aime le moins faire. « Je ne vois pas bien ce que je vais mettre dans cette sous-partie, alors je la laisse pour la fin. » Le malheur est que vous ne verrez pas mieux qu'y placer à l'approche de la fin de l'épreuve qu'à son début.

CONSEIL DU FORMATEUR :
Soyez stratégique : si vous sentez en début d'épreuve que vous éprouverez des difficultés à développer telle ou telle sous-partie, ne renvoyez pas à un hypothétique « plus tard » sa rédaction : **ADOPTEZ UN AUTRE PLAN !**

• Les correcteurs attendent en outre un relatif équilibre des parties et sous-parties : pour une épreuve en trois ou quatre heures à partir d'un dossier de 20 à 30 pages, on attend une synthèse de 5 à 6 pages, ce qui signifie, déduction faite de l'introduction et de la conclusion, que chacune des deux parties comptera environ deux pages et, plus précisément, que chacune des deux sous-parties de ces deux parties comprendra environ une page.

C'est bien un équilibre relatif, et non un strict équilibre, qui est requis, mais une sous-partie qui ne compterait qu'une dizaine de lignes ne saurait être considérée comme une sous-partie digne de ce nom et la note finale serait fortement pénalisante.

• Précisons enfin que la durée de l'épreuve ne vous permet pas de rédiger intégralement votre développement au brouillon. Vous devez procéder à la rédaction définitive directement sur la copie de concours, à partir de votre travail de prise de notes. Si vous rendez une partie de votre synthèse sur des feuilles de brouillon, celles-ci, selon les autorités organisatrices, ne seront pas ramassées, ou, si elles le sont, ne seront pas corrigées. Le temps de rédaction de vos fiches au brouillon est donc bien investi lorsque, sans que vous puissiez, faute de temps, les rédiger intégralement au brouillon, vous les rédigez suffisamment clairement pour que le temps de la rédaction définitive de la copie en soit réduit.

2. Conclure

• Si la conclusion est souvent considérée comme facultative dans les épreuves de synthèse, elle est généralement appréciée par les correcteurs : mieux vaut donc la tenir pour obligatoire.

• La conclusion, dans la forme, doit être facilement identifiable : les règles de présentation adoptées (par exemple 3 lignes sautées entre la fin du développement et le début de la conclusion, un premier mot nettement conclusif : ainsi, pour en terminer, au total, finalement…) permettent de lever toute ambiguïté.

Conseil du formateur :
Mieux vaut rédiger la conclusion tôt dans l'épreuve (rien, logiquement, ne devrait empêcher qu'elle le soit juste après la mise au point définitive de l'introduction) : trop de conclusions trahissent la fatigue et le manque de temps.

• Sur le fond, la conclusion n'est pas un résumé de la synthèse mais une **reformulation rapide** (quelques lignes suffisent) **de l'essentiel** du message qu'elle contient : vous disposez ici d'un espace de liberté pour apporter sur le sujet l'éclairage qui, tout bien considéré, vous paraît le plus pertinent, dans la logique des réflexions que vous aurez préalablement conduites ; c'est aussi l'endroit où, de manière nuancée, vous pouvez, lorsque le sujet s'y prête, accentuer le caractère d'aide à la décision de son approche.

• Remarquons qu'un développement qui présente les avantages, les potentialités, les chances… avant les inconvénients, les limites, les risques… induit une conclusion moins « optimiste » que le développement qui a choisi le parti inverse. Cette remarque permet de toucher du doigt les marges de manœuvre que permet l'**objectivité** requise : la seule disposition des arguments change la tonalité de la synthèse.

Attention :
La conclusion n'est jamais le lieu du « repentir » où l'on placerait des éléments importants qu'on aurait oubliés dans le développement : si on a laissé de côté une information, laissons croire qu'on l'a fait en toute connaissance de cause et n'allons pas pointer du doigt notre propre erreur : il n'est pas rare que des candidats démarrent ce type de conclusion par un « sans oublier… » particulièrement révélateur !

• Mesurez bien, également, que conclure, c'est donner le sentiment au destinataire / correcteur que vous maîtrisez le temps et que **votre copie est réellement terminée.**

FICHE 27

PARTIE 4

Corriger une copie

FICHE 28 L'IMPORTANCE DE LA FORME

Les fiches de cette partie entendent vous sensibiliser à la manière dont votre copie de synthèse est corrigée.

• À plusieurs reprises, nous avons attiré votre attention sur l'importance de ne pas « indisposer » votre correcteur, et, bien au contraire, de le séduire. L'orthographe et la syntaxe jouent à l'évidence un rôle essentiel dans cette « séduction ».

• Plus fondamentalement, la visibilité de l'organisation (un plan annoncé et suivi, un plan annoncé et repérable, un plan qui permet un développement équilibré dans ses parties et sous-parties...) est un ingrédient indispensable de la réussite.

• Vous percevez ainsi que la forme joue un rôle essentiel dans la réussite de l'épreuve. Cela ne signifie pas que le fond ne compte pas, mais qu'un « bon fond » desservi par une « mauvaise forme » risque de ne pas être perçu comme « bon » mais comme « mauvais ». Un correcteur n'acceptera jamais de perdre son temps à dépasser les problèmes de forme pour accéder à la richesse du fond si la forme est excessivement défaillante. À l'inverse, il peut arriver que la réussite de la forme compense les insuffisances du fond.
En bref, gardez en mémoire que **le temps consacré à la lecture de votre copie par les correcteurs est nécessairement limité**, et qu'il vous faut absolument, par tous les moyens (annonce de plan, matérialisation du plan, syntaxe, orthographe…) rendre votre copie la plus lisible possible.

• La pratique de la correction de ce type d'épreuve permet de souligner que le correcteur :
1) analyse d'abord le plan annoncé ;
2) vérifie ensuite, par une lecture de survol, que ce plan est suivi ;
3) s'assure en même temps de l'achèvement de la copie et de l'équilibre des parties et sous-parties ;
4) lit enfin toute la copie.
Les trois premiers temps de la correction donnent déjà une indication précise de la qualité de la copie, la lecture de la copie (4) n'étant qu'une lecture de vérification que rien ne devrait arrêter, ni défauts d'orthographe et de syntaxe, ni informations incompréhensibles, inutiles, redondantes, mal placées, « copiées-collées » dans les documents…

FICHE 29 LES CRITÈRES D'APPRÉCIATION

Il nous paraît utile de vous rappeler ici les critères d'appréciation et de notation d'une copie, afin que vous preniez la mesure, selon votre niveau de maîtrise de la méthode, des **points que vous pouvez améliorer**.

Les questions à se poser

Le fond

- Ma synthèse traite-t-elle tout le sujet ? Une partie seulement du sujet ?
- Des informations importantes sont-elles oubliées ? Des informations manquantes sont-elles ajoutées ?
- Au final, quelqu'un qui n'aurait pas lu le dossier est-il ou non parfaitement informé par ma synthèse ?

Entre fond et forme

- L'introduction comprend-elle une entrée en matière, une problématique, une annonce de plan ?
- Le plan annoncé est-il significatif du contenu de la synthèse ?
- Le plan permet-il d'utiliser les informations essentielles du dossier ?
- Le plan annoncé est-il suivi ?
- Les différentes parties et sous-parties sont-elles repérables ?
- Les différentes parties et sous-parties sont-elles équilibrées ?
- Les parties, sous-parties, paragraphes sont-ils logiquement organisés ? Avec des articulations logiques entre eux ? Avec des articulations logiques entre les différentes phrases ?
- Les différents arguments sont-ils parfaitement compréhensibles ? S'ils ne le sont pas, pourquoi : informations allusives ? « Copié-collé » hors de son contexte ? Exemples sans la thèse qu'ils illustrent ? Irruptions d'arguments non annoncés ? Arguments sans lien avec le sujet ?
- La synthèse comprend-elle une conclusion ? Celle-ci reprend-elle les arguments essentiels ?
- La lecture de l'ensemble est-elle « fluide » ou quelque chose empêche-t-il qu'elle le soit ? Quoi ?

La forme

- Les règles de présentation sont-elles respectées ?
- Identifiez-vous des problèmes d'orthographe ? de syntaxe ? d'expression ? de registre de langue ?
- « *Nothing is great or little otherwise than by comparison* » (Rien n'est grand ou petit, sauf par comparaison), Jonatham Swift, *Les Voyages de Gulliver.* Une remarque qui vaut pour l'ensemble des épreuves de concours : corriger des copies, c'est essentiellement les classer les unes par rapport aux autres. Une copie est ainsi appréciée en fonction des autres copies confiées à un correcteur.

LES QUALITÉS ET LES DÉFAUTS DES ANNONCES DE PLAN

Mieux vaut certainement une démonstration qu'un long discours. Nous reproduisons ici quelques annonces de plan élaborées pour traiter le sujet de synthèse déjà exploité dans les fiches 12 et 14.

Nous vous livrons d'abord nos appréciations sur cinq annonces de plan, relevées dans de véritables copies de concours, au regard des conseils de méthode développés dans cet ouvrage. La fiche 31 vous permettra ensuite de vous livrer au même exercice à partir de cinq autres annonces de plan sur un autre sujet.

1. Rappel de l'énoncé

« Vous êtes rédacteur territorial au service communication de la commune d'Admiville, commune de 7 500 habitants.
La directrice générale des services de votre collectivité vous demande de rédiger à son attention, exclusivement à l'aide des documents joints, une note sur l'ouverture des données publiques. »

2. Annonce 1

(I) L'open data est un formidable outil de modernisation des administrations (A) promis à un bel avenir (B).
(II) Il permet aussi de développer la participation des citoyens (A) et les partenariats entre acteurs publics (B).

Commentaire

Pas de valorisation d'informations erronées dans cette annonce de plan clairement rédigé, à une exagération près fondée sur une expression galvaudée (« un formidable outil »), mais une approche excessivement optimiste de l'open data au regard des informations repérées (voir fiches 12 et 14). En outre, ce plan ne paraît pas de nature à rendre compte du cadre juridique.

3. Annonce 2

(I) Ne nous voilons pas la face, l'open data n'a pas tenu (A), ne tient pas (B) et ne tiendra pas ses promesses (A).

(II) Il suffit pour s'en convaincre de considérer l'ignorance du grand public (A), l'hostilité de l'administration (B) et le coût d'un tel projet (C).

Commentaire

Un plan atypique quant à sa forme, chaque partie comptant trois sous-parties. Rien ne l'interdit, sous réserve que chacune des sous-parties soit également et suffisamment développée, étant observé que les correcteurs ont souvent une préférence pour les plans en deux parties comportant chacune deux sous-parties.

Sur le fond, le ton est en décalage avec les attendus de l'épreuve qui requiert objectivité et rigueur de l'information. En outre, le portrait à charge que dessine ce plan n'est pas fidèle au contenu du dossier et occulte les effets bénéfiques de l'open data. Enfin, au-delà de la rhétorique un peu facile de l'annonce de la première partie, on voit mal ce qui va concrètement alimenter le « ne tiendra pas », qui paraît relever de la prophétie. Là encore, le cadre juridique paraît totalement occulté.

4. Annonce 3

(I) Encouragée par des évolutions légales récentes (A), l'ouverture des données publiques paraît riche en avantages pour les administrations publiques et les administrés (B).
(II) Elle n'en pâtit pas moins de nombreux freins (A), dont le dépassement requiert des modalités nouvelles de développement (B).

Commentaire

Cette annonce est clairement rédigée et rend bien compte de l'ensemble des informations repérées, en présentant un bilan nuancé de l'ouverture des données publiques.

5. Annonce 4

(I) L'open data est une évolution technique nouvelle et prometteuse qui permet aux administrations de livrer au grand public un grand nombre d'informations importantes et attendues, pour un coût raisonnable et limité, à condition de savoir les maîtriser (A) tout en permettant aux administrations de se moderniser et de s'adapter au monde moderne, de nouer des partenariats inédits et féconds, pourvu qu'elles sachent dépasser leur culte du secret et leur frilosité traditionnelle (B).

(II) Un cadre juridique récent tant national qu'européen est d'autant plus bienvenu et pertinent (A) que nombreux demeurent ceux qui pensent que l'open data ne tiendra pas ses promesses (B).

Commentaire

Une annonce trop bavarde. On remarque un « tic de langage » qui conduit à multiplier inutilement les adjectifs, ce qui affaiblit le sens plus que cela ne le renforce. L'annonce est déséquilibrée, celle de la première partie étant beaucoup plus longue que celle de la deuxième. Sur le fond, il ne paraît guère logique d'appauvrir le *II (B)* en introduisant certaines limites dans le *I (A)* (« à condition de savoir les maîtriser ») et le *I (B)* (« pourvu qu'elles sachent dépasser leur culte du secret et leur frilosité traditionnelle »).

6. Annonce 5

(I) L'ouverture des données publiques est riche de promesses,
(II) mais le dépassement de ses limites n'est pas acquis.

Commentaire

Cette technique d'annonce de plan est tout à fait possible (cf. fiche 25), sous réserve que les chapeaux introductifs de chacune des deux parties et les titres de ces dernières rendent son contenu évident :

I- Une ouverture des données publiques riche de promesses

L'ouverture des données publiques bénéficie aujourd'hui d'une incitation légale *(A)* qui consacre les résultats qu'elle a déjà permis d'obtenir *(B).*

A) Un cadre légal incitatif

(...)

B) Des résultats très prometteurs

(...)

II- Des limites difficiles à dépasser

L'open data pâtit de nombreux freins qui entravent son développement *(A)* et ne pourront être dépassés qu'en continuant à innover *(B).*

A) De nombreux freins

(...)

B) Inventer de nouvelles modalités de développement

(...)

FICHE 30

FICHE 31 S'ENTRAÎNER À L'ANALYSE D'UN PLAN

À vous de vous entraîner au repérage des qualités et défauts des plans ci-après, produits pour traiter le sujet exploité dans la fiche 17 (Concours externe d'attaché territorial, session 2014, spécialité administration générale – L'intégralité de ce sujet est notamment disponible sur le site www.cdg69.fr, rubrique « sujets »).

1. Rappel de l'énoncé

« Vous êtes attaché territorial de la commune d'Alpha, membre d'une structure intercommunale. Suite aux élections municipales, le nouveau maire vous demande de rédiger, à son attention, une note sur les grands enjeux de l'intercommunalité.
Vous rédigerez cette note exclusivement à l'aide des éléments du dossier. »

2. Propositions d'annonces de plan

Annonce 1

Le bilan de l'intercommunalité est mitigé, et il n'est pas certain que les réformes récentes soient suffisantes.

Annonce 2

(I) Les enjeux de l'intercommunalité sont si importants (A) qu'il n'est pas possible d'en dresser un tableau objectif (B). (II) Tout juste peut-on s'essayer à discerner des pistes prometteuses (A) et des pistes trompeuses (B).

Annonce 3

(I) À une intercommunalité traditionnelle fondée sur les syndicats de communes (A), s'est ajoutée à partir des années 90 une nouvelle forme d'intercommunalité de projet (B). (II) La nouvelle réforme de l'intercommunalité dans le cadre de l'acte III de la décentralisation (A) sera suivie d'autres réformes (B).

Annonce 4

(I) Remède à l'émiettement communal (A), l'intercommunalité paraît menacée d'un risque d'inefficience (B). (II) Si de nouvelles institutions et de nouveaux modes de fonctionnement entendent y remédier (A), le déficit démocratique de l'intercommunalité reste à combler (B).

Annonce 5

I A- Un bilan positif
I B- Un bilan négatif
II A- Des réformes positives
II B- Des réformes négatives

3. Propositions d'analyses

Pour l'annonce 1

Une annonce minimaliste. Même si l'on perçoit deux parties, l'utilisation des « balises » *I* et *II* serait bienvenue. La logique d'ensemble n'en est pas moins recevable, mais cette annonce devra impérativement être accompagnée, sous le titre de chacune des deux parties, d'un chapeau introductif explicite qui sera ensuite décliné au moyen des titres des deux sous-parties de chaque partie.

Pour l'annonce 2

Cette annonce élude la question : alors qu'une note sur les grands enjeux de l'intercommunalité est attendue par le maire, commanditaire de cette note, l'attaché en charge de sa rédaction escamote la commande. Si l'on regarde de plus près cette annonce bien plus rhétorique que rigoureuse, on peut se demander quelles informations précises va contenir chacune des sous-parties : que signifie l'expression « les enjeux sont importants » ? Qui en est juge ? Qu'écrire dans une sous-partie dont on dit qu'elle est impossible à écrire (« qu'il n'est pas possible d'en dresser un tableau objectif »). Serait-ce un tableau subjectif qui va être dressé ? La distinction annoncée entre « pistes prometteuses » et « pistes trompeuses » qui fait l'objet de la seconde partie est certainement davantage tenable, mais elle risque de laisser place à une subjectivité contestable.

Pour l'annonce 3

Une approche historique de l'intercommunalité, développée à partir d'un plan chronologique. C'est loin d'être inintéressant, mais on ne discerne guère les principaux enjeux de l'intercommunalité. De plus, la sous-partie *II (B)* paraît revêtir une dimension prophétique, à moins que les « autres réformes » soient simplement des réformes déjà engagées par « la nouvelle réforme de l'intercommunalité ».

Pour l'annonce 4

C'est l'annonce proposée dans la fiche 17 au terme d'un travail d'exploitation du dossier au moyen de fiches par thèse.

Pour l'annonce 5

Ce n'est pas une véritable annonce de plan mais une simple juxtaposition de titres (un peu trop sibyllins…) de sous-parties. On note que l'absence de titre générique pour chaque partie empêche de résoudre la contradiction « positif / négatif ». Il s'agit plus d'intitulés provisoires qui peuvent permettre le classement des informations que de titres aboutis : ces titres devront être enrichis une fois l'information collectée, avant un travail de réécriture d'une véritable annonce de plan.

ASTUCE DU CANDIDAT :
J'ai fini par comprendre que, pour rédiger une synthèse, il n'y avait pas un seul plan à trouver absolument pour réussir, mais de nombreux plans possibles.
Cela m'a libéré(e).

FICHE 32 UNE PROPOSITION DE CORRIGÉ D'UN SUJET

Afin de vous permettre de percevoir sans aucune ambiguïté le résultat attendu, nous traiterons ci-après (fiche 33) intégralement un sujet de synthèse, de sa présentation formelle à sa conclusion.
Auparavant, livrons-nous à son analyse approfondie.

Concours externe d'attaché territorial, épreuve de note, session 2011, spécialité administration générale.
(Sujet intégral disponible notamment sur le site www.cdg69.fr, rubrique « sujets ».)

1. Énoncé du sujet

« Attaché territorial, vous êtes en poste à la commune de X, qui compte 106 000 habitants.
Dans le cadre de la réflexion sur les discriminations liées au sexe, le maire vous demande de rédiger à son attention, à l'aide des seuls éléments du dossier ci-joint, une note sur l'égalité professionnelle entre les femmes et les hommes dans la fonction publique territoriale. »

2. Analyse du sujet

Indications formelles

Le document demandé, en parfaite cohérence avec l'intitulé réglementaire de l'épreuve, est une note.
La collectivité de l'auteur de la note est précisée dans la commande, ce qui permet de remplir le timbre sans aucun risque de rompre l'anonymat de la copie par un signe distinctif prohibé.
L'auteur de la copie est attaché territorial : pour autant, il est inutile de porter « L'attaché territorial » en fin de copie, mention qui pourrait entraîner l'annulation de votre copie pour rupture d'anonymat si d'aventure vous paraphiez ou signiez votre copie.
Le destinataire de la note est le maire.
La nature du sujet permet d'augurer que des documents juridiques ou officiels au dossier pourront pertinemment être mentionnés dans la zone des

« références ». On les repère aisément à la lecture du sommaire du dossier. Rappelons que le fait de référencer précisément les documents juridiques permet ensuite de les dénommer de manière synthétique (exemple : la loi du 27 mai 2008) dans le développement.

Vous pouvez ainsi aisément satisfaire aux obligations formelles de présentation de la note :

> Commune de X *(date de l'épreuve)*
>
> NOTE
> à l'attention de Monsieur le maire
>
> Objet : L'égalité professionnelle entre les hommes et les femmes dans la fonction publique territoriale
>
> Références : Préambule de la Constitution du 27 octobre 1946 (article 3)
> Loi n° 83-634 du 13 juillet 1983 portant droits et obligations des fonctionnaires
> Loi n° 2008-496 du 27 mai 2008 portant diverses dispositions d'adaptation du droit communautaire dans le domaine de la lutte contre les discriminations
> Rapport de Françoise Guégot au président de la République sur l'égalité professionnelle hommes-femmes dans la fonction publique

Analyse de la commande

Sur le fond, il convient toujours d'être attentif aux indications démographiques portées dans la commande : le nombre d'habitants de la ville de X (106 000 habitants) y est précisé, et l'on doit avoir cette donnée en tête en exploitant les documents au dossier au cas où cette « strate » déterminerait l'applicabilité de telle ou telle disposition juridique. Il s'avère en l'espèce que ce n'est pas le cas, les mêmes règles s'appliquant à l'ensemble des employeurs publics. Cette précision n'influe donc en aucune manière sur le traitement du sujet.
L'objet de la note est sans aucune ambiguïté : la note doit être consacrée à l'égalité professionnelle entre les hommes et les femmes dans la fonction publique territoriale. Si les règles applicables à la fonction publique territoriale sont éga-

lement valables dans les autres fonctions publiques (au premier rang desquelles la fonction publique d'État et la fonction publique hospitalière), on sera particulièrement attentif dans le traitement du sujet à privilégier toutes les données qui concernent particulièrement la fonction publique territoriale.

Nature des documents

Des sources assez variées :
- des documents juridiques
Préambule de la Constitution du 27 octobre 1946 (document 4)
Loi du 13 juillet 1983 portant droits et obligations des fonctionnaires (document 2)
Loi du 27 mai 2008 portant diverses dispositions d'adaptation du droit communautaire dans le domaine de la lutte contre les discriminations (document 5)
- des documents officiels
Rapport au président de la République sur l'égalité professionnelle hommes-femmes dans la fonction publique (document 7)
Rapport au Conseil supérieur de la fonction publique territoriale (document 12)
- des articles de presse spécialisée
Presse spécialisée juridique : revue *La Semaine juridique – social* (document 15)
Presse spécialisée d'information sur la gestion des collectivités territoriales : *La Lettre du cadre territorial* (document 1), *La Gazette des communes* (document 11)

Les titres sont-ils significatifs ?

Ce rapide examen préalable des titres portés dans le sommaire du dossier avant la lecture de survol et l'exploitation de celui-ci a pour seul objet de permettre de discerner de grands axes de nature à aider à la construction du plan. Il est possible que le contenu réel des documents s'avère différer pour partie de celui que les titres suggéraient, mais cela est sans réelle importance dans la mesure où l'unique objet de cette analyse est de parvenir à un plan.
Si certains titres apportent peu d'informations parce qu'ils reprennent les termes mêmes de la commande, on sera attentif aux concepts et expressions :
- d'« ambition collective », « de vigilance accrue sur les discriminations » ;
- « de politiques publiques si peu suivies d'effets ».

Ces titres, au delà de la tonalité fortement juridique du dossier, attirent l'attention sur le fait que l'inscription dans la réalité de l'égalité hommes-femmes affirmée par les textes est loin d'aller de soi. On devra ainsi se garder d'une approche exclusivement juridique de la question, qu'il conviendra d'aborder en la problématisant.

Des idées de plan ?

La dimension juridique du dossier est manifeste, mais les enjeux paraissent devoir être valorisés. Ces grands axes pourront induire les deux grandes parties de la note, à condition que les enjeux soient suffisamment développés pour alimenter une partie entière.
Il est possible à ce stade d'envisager la construction de la note à partir du plan « bateau » suivant :
– **Les principes**
– **Les modalités de mise en œuvre**
– **Les limites (obstacles)**
– **Les pistes d'amélioration (les moyens de dépasser les obstacles)**

Nous allons ainsi mettre en œuvre la **méthode de rédaction des fiches à partir d'un plan préconçu** présentée dans la **fiche 15**.
Précisons que la mention des documents d'où proviennent les informations, utile au brouillon pour vérifier, si nécessaire, telle ou telle donnée avant rédaction définitive, ne doit pas apparaître dans la copie.

3. Exploitation du dossier

Il est pertinent d'ouvrir systématiquement une fiche « Introduction » destinée à recueillir, au fur et à mesure de l'exploitation du dossier, les informations requises dans toute introduction, entrée en matière, contextualisation, problématique, qui précèdent l'annonce du plan.

Fiche introduction

Entrée en matière	Aujourd'hui, alors que près de 30 % des administrateurs territoriaux sont des femmes, moins de 8 % de femmes sont directeurs généraux des services. Autre indicateur préoccupant : alors que six attachés territoriaux sur dix sont des femmes, elles ne représentent qu'un tiers des promus au grade d'administrateur. Il est toutefois encourageant de constater que, dans les nouvelles promotions d'administrateurs, la parité hommes-femmes est atteinte. (document 1) Ces disparités sont d'autant plus remarquables que, dans la fonction publique territoriale, 59 % des emplois permanents sont occupés par des femmes. (document 6)

Contextualisation	Des textes successifs, qui s'inscrivent dans la tradition de la Constitution de la IVe République, ont pourtant inscrit la parité hommes-femmes dans les textes fondateurs des fonctions publiques, comme la loi du 13 juillet 1983 ou la loi du 27 mai 2008. (documents 4 et 2)

Fiche 1

Les principes

L'alinéa 3 du préambule de la Constitution du 27 octobre 1946 fixe que « la loi garantit à la femme, dans tous les domaines, des droits égaux à ceux de l'homme ». (document 4)

L'article 6 bis de la loi du 13 juillet 1983 dispose qu'« aucune distinction, directe ou indirecte, ne peut être faite entre les fonctionnaires en raison de leur sexe ». Des recrutements distincts sont toutefois possibles « lorsque l'appartenance à l'un ou l'autre sexe constitue une condition déterminante de l'exercice des fonctions ». En outre, des distinctions entre hommes et femmes sont possibles pour parvenir à une représentation équilibrée dans les jurys et les organismes consultatifs de gestion de la fonction publique. (document 2)

Si le droit communautaire récuse les mesures systématisant la préférence donnée aux femmes dans les recrutements, il ne s'oppose pas à une règle nationale fixant qu'« un candidat à un emploi public appartenant au sexe sous-représenté peut se voir accorder la priorité par rapport à un concurrent du sexe opposé, pour autant que les candidats possèdent des mérites équivalents ou sensiblement équivalents, lorsque les candidatures font l'objet d'une appréciation objective qui tient compte des situations particulières d'ordre personnel de tous les candidats ». (document 3)

La loi du 27 mai 2008 distingue les discriminations directes, situations dans lesquelles une personne est traitée « de manière moins favorable qu'une autre » en raison notamment de son sexe, et les discriminations indirectes, dispositions neutres en apparence mais qui désavantagent des personnes. Des discriminations indirectes sont toutefois possibles lorsqu'elles sont « objectivement justifiées par un but légitime » poursuivi par des moyens « nécessaires et appropriés ». (document 5)

L'intérêt général peut en effet justifier des atteintes au principe d'égalité, notamment lorsque des femmes ou des hommes en très grand nombre dans un corps de fonctionnaires imposent des recrutements distincts en fonction du sexe dans ce corps. (document 8)

La discrimination positive est possible dès lors qu'elle n'est pas permanente, que la préférence n'est pas excessive, qu'elle est flexible et n'est pas exclusive. (document 10)

Au terme de la rédaction de cette fiche, la thèse peut en être précisée dans la perspective de la rédaction définitive du titre de cette sous-partie : **Le principe constitutionnel et légal de l'égalité hommes-femmes permet la discrimination positive.**
Ce même travail de réécriture précise de la thèse de chacune des fiches sera indispensable pour permettre la transmutation d'un plan « bateau » en titres pleinement signifiants du contenu réel de chacune des sous-parties.

Fiche 2

Les modalités de mise en œuvre

Les textes fondamentaux trouvent des applications tant en matière de recrutement que de carrière. La loi du 27 mai 2008 précise que « toute discrimination directe ou indirecte fondée sur le sexe » est notamment « interdite en matière d'accès à l'emploi, d'emploi, de formation professionnelle et de travail » et que « toute discrimination directe ou indirecte est interdite en raison de la grossesse ou de la maternité, y compris du congé de maternité ». (document 5)

Si les jurys sont composés de façon à concourir à une représentation équilibrée entre les femmes et les hommes, les dispositions réglementaires n'imposent pas une proportion de chaque sexe obligatoire à peine d'irrégularité des concours. (document 13)

Le temps partiel est plus souvent subi que choisi, et il pèse souvent sur l'évaluation des agents qui le demandent, majoritairement de sexe féminin, et, en conséquence, sur leur évolution professionnelle. L'annualisation du temps partiel, l'acceptation d'un exercice à temps partiel des fonctions d'encadrement permettent de limiter ces effets négatifs. Certaines collectivités acceptent des aménagements d'horaires pour les femmes enceintes, organisent des binômes sur des postes d'encadrement supérieur, développent le télétravail, les horaires variables, afin de permettre au mieux la conciliation des contraintes familiales qui pèsent sur les femmes avec l'exercice de responsabilités. Peuvent s'y ajouter des aides financières ou matérielles pour les parents de jeunes enfants. (document 14)

La transposition des directives communautaires a permis d'ajouter aux critères de différenciation interdits par le code du travail celui du congé de maternité afin de « réaffirmer clairement le caractère de discrimination moins favorable en raison de la grossesse, mais aussi de la maternité, tout en réservant la possibilité de mesures réservées à la protection des femmes ». (document 15)

Fiche 3

Les limites

On observe dans les collectivités territoriales un empilement de « plafonds de verre » qui font que, plus l'on progresse dans la hiérarchie, plus la sous-représentation des femmes s'accroît. (document 1)

Le décalage entre promesses et réalisations, observable dans toutes les politiques publiques, affecte particulièrement la lutte contre les inégalités hommes-femmes. Le fait que l'État soit à la fois employeur et auteur de règles qu'il ne s'applique pas à lui-même fait fortement douter de la force de sa volonté. La résistance des acteurs eux-mêmes, ainsi que l'absence de sanctions lorsque les règles ne sont pas appliquées font également douter des effets réels des politiques affichées. (document 9)

Des facteurs sociaux et culturels pèsent lourdement sur les « quotas invisibles » compromettant l'égalité hommes-femmes : nombreux sont les stéréotypes qui empêchent les femmes d'accéder à des postes à responsabilités, comme celui selon lequel les hommes seraient « plus sérieux » et « plus fiables », les femmes, s'occupant de la maison et des enfants, étant « moins disponibles ».

Si le statut des fonctionnaires paraît par essence garant de l'égalité hommes-femmes, certaines dispositions érodent cette égalité : alors que les adjoints techniques, cadre d'emplois très masculin, peuvent accéder au cadre d'emplois des agents de maîtrise, rien de semblable n'existe pour les adjoints administratifs, fortement féminisés, sans parler du régime indemnitaire beaucoup plus favorable dans la filière technique que dans la filière administrative. La forte féminisation d'emplois occupés par des femmes d'origine étrangère qui ne peuvent de ce fait devenir fonctionnaires, comme l'amputation de l'indemnité de technicité corrélée à l'absence pénalisent également les femmes. (document 11)

Des mesures positives peuvent avoir des effets pervers : les incitations financières en faveur du troisième enfant ont fait chuter le taux d'emploi des femmes, et l'encouragement du temps partiel a précarisé l'emploi. (document 12)

Fiche 4

Les pistes d'amélioration

Le développement d'« indicateurs de parité » peut permettre aux collectivités territoriales de concevoir des politiques volontaristes. Elles doivent savoir organiser le travail en « contractualisant » la disponibilité lors des recrutements de cadres dirigeants afin que la vie personnelle des femmes soit conciliable avec la vie professionnelle, les congés maternité et parental intégrés au parcours professionnel. (document 1)

Le rapport de Françoise Guégot au président de la République sur l'égalité professionnelle hommes-femmes dans la fonction publique préconise, dans la fonction publique d'État, des plans pluriannuels fixant l'objectif de 40 % de cadres supérieurs sur les emplois de direction, d'un sexe ou de l'autre, d'ici à 2015. Les préfets pourraient, dans le respect du principe de libre administration des collectivités territoriales, sensibiliser les communes à la nécessité d'atteindre des objectifs de même nature. Des entretiens de départ et de retour de congé de maternité ou parental devraient permettre d'informer les agents sur les moyens mis à leur disposition, comme la formation, pour ne pas être pénalisés dans leur carrière. Des évolutions statutaires, comme la conservation de la totalité des droits à l'avancement d'échelon et à la promotion interne pour les fonctionnaires en congé parental, sont également souhaitables. La féminisation des jurys de concours à hauteur de 30 %, des chartes de gestion du temps interdisant des réunions trop matinales ou trop tardives, le développement du télétravail, autant de pistes à explorer. (document 7)

L'institution d'un Observatoire de l'égalité hommes-femmes, suivant notamment le taux de féminisation des postes d'encadrement et comparant les salaires bruts, demeure trop rare. Selon la Halde, 27 % seulement des collectivités veillent à ce que le nombre de femmes promues corresponde à celui des femmes promouvables. (document 11)

Des stratégies globales de mise en œuvre par les exécutifs locaux et les cadres dirigeants de l'égalité professionnelle hommes-femmes permettront seules de parvenir à l'atteinte de cet objectif. (document 12)

Nous disposons ainsi de tous les éléments nécessaires à la rédaction de la note.
Le plan préconçu s'avère tenable, chacune des sous-parties étant suffisamment « alimentée » pour que le plan projeté devienne un plan définitif. La rédaction définitive s'attachera à articuler logiquement les informations entre elles en introduisant les mots de liaison qui pourraient faire défaut. On veillera également à vérifier l'agencement des arguments au sein de chaque fiche, qui devient sous-partie, et à améliorer ponctuellement, si nécessaire, la qualité de l'écriture, notamment par la recherche de synonymes.
Remarquons toutefois que la sous-partie la moins solide s'avère être celle qui porte sur « les modalités de mise en œuvre », cette fragilité étant explicable par une difficulté d'arbitrage dans la répartition des informations entre cette sous-partie potentielle et celle portant sur les limites, voire sur les pistes d'amélioration.
Si cette sous-partie s'était avérée si ténue qu'elle ne puisse être tenue, le choix d'un autre plan aurait été possible, comme :

- **des inégalités préoccupantes (constat)**
- **les principes et modalités de mise en œuvre de l'égalité hommes-femmes**
- **les limites (obstacles)**
- **les pistes d'amélioration (les moyens de dépasser les obstacles)**

FICHE 33 UN MODÈLE DE BONNE COPIE RÉDIGÉE

Cette fiche présente un exemple de rédaction intégrale d'une copie de note.
Cette copie traite le sujet de la session 2012 du concours externe d'attaché territorial dans la spécialité Administration générale.
Ce sujet est notamment accessible en ligne sur le site www.cdg69.fr

Ville de X Le (date de l'épreuve)

NOTE

à l'attention de Monsieur le maire

Objet : la mise en œuvre du principe de laïcité par les services publics locaux

Références : Loi du 9 décembre 1905 sur la séparation des Églises et de l'État
Circulaire du 2 mars 2011 relative à la mise en œuvre de la loi n° 2010-1192 du 11 octobre 2010 interdisant la dissimulation du visage dans l'espace public

Le concept de laïcité n'est pas dénué de complexité : éviction du religieux pour certains, humanisme fédérateur pour d'autres, philosophie à part entière ou encore principe fondateur de la liberté de croire ou non dans une société civile, il connaît aujourd'hui une actualité brûlante en France.
Alors qu'une jurisprudence abondante s'est peu à peu construite depuis la séparation des Églises et de l'État, affirmant les principes de neutralité du service public, de liberté d'opinion et de pluralisme, la société française peine aujourd'hui à trouver réponse à des demandes nouvelles.
Les services publics, au premier rang desquels les services publics locaux, sont confrontés à des demandes nouvelles émanant d'associations ou de groupes de pression à vocation confessionnelle ou communautaire, qu'il s'agisse de l'octroi de subventions, de la mise à disposition de locaux et d'équipements ou de la prise en compte des demandes spécifiques de telle ou telle communauté. En première ligne, les agents éprouvent souvent des difficultés à faire preuve de neutralité dans leur manière de servir et dans leurs relations avec les usagers.
Quelles sont les principales règles qui s'imposent à la commune et à ses agents ?
Comment les mettre en œuvre et à quelles difficultés faudra-t-il faire face ?

Après une présentation soulignant la difficulté de mise en œuvre d'un principe complexe (I) seront analysées les modalités de cette mise en œuvre par les services publics communaux (II).

I. Un principe complexe difficile à mettre en œuvre
À la complexité du principe même de laïcité (A) s'ajoutent les difficultés de sa mise en œuvre (B).

A. La construction progressive du principe de laïcité explique sa complexité
La laïcité française repose aujourd'hui sur trois principes essentiels : la neutralité de l'État, la liberté religieuse et le respect du pluralisme. Près d'un siècle a été nécessaire à la construction de ce concept, aujourd'hui bousculé par l'évolution de la société.
La Constitution de 1946 a conféré au principe de laïcité une valeur constitutionnelle. La Constitution de 1958 affirme que « la France est une République indivisible, laïque, démocratique et sociale ». Pour autant, hormis les textes fondateurs, que constitue notamment la loi de 1905, le régime juridique de la laïcité est éclaté entre une vingtaine de textes de lois. Aussi le Conseil d'État a-t-il souvent été amené à jouer le rôle de régulateur de la laïcité.
Si les bases de la laïcité dans l'enseignement ont été posées par la loi Ferry du 28 mars 1882 sur la gratuité et l'obligation de l'enseignement, la loi de séparation des Églises et de l'État de 1905 impose la neutralité du service public à l'égard de toutes les opinions et croyances. Cette neutralité du service public a pour corollaire le principe d'égal accès à l'emploi public. Plusieurs jurisprudences établissent à la fois que les agents bénéficient d'une liberté de conscience qui interdit toute discrimination à leur encontre, tant pour accéder à l'emploi public que pour faire carrière, et qu'ils ne peuvent manifester leurs croyances dans le cadre du service public. Le Conseil constitutionnel qualifie de « principes fondamentaux du droit public » les principes d'égalité et de neutralité du service.
Pour autant, la laïcité ne saurait être réduite à la neutralité de l'État et à la tolérance. La laïcité doit aussi permettre la diversité religieuse et ouvrir la possibilité aux différentes religions de cohabiter dans l'espace public. Pour le Conseil constitutionnel, la liberté de religion est un des éléments de la liberté de conscience, principe fondamental reconnu par les lois de la République.
Enfin, l'État, tout en ne reconnaissant plus aucune religion, doit reconnaître le fait religieux et ne méconnaître aucune religion. Garant de la liberté religieuse, il doit garantir le droit à l'expression de toutes les religions.

B. La mise en œuvre du principe de laïcité est compliquée par des exigences nouvelles

Les maires sont aujourd'hui confrontés à des demandes de plus en plus nombreuses de carrés confessionnels dans les cimetières en raison du vieillissement de la population musulmane. Ils sont tiraillés entre le devoir de neutralité et les termes des circulaires, qui les invitent à répondre favorablement à ces demandes. La réalisation de carrés confessionnels dans les cimetières, espaces regroupant les défunts d'une même confession en respectant leurs rituels funéraires, ne pose pas de problème technique particulier mais se heurte encore à la résistance de certains élus, peu enclins à reconnaître les personnes concernées comme des citoyens à part entière.

Le rapport d'un groupe de travail présidé par Alain Rossinot laissait apparaître, en 2006, que la demande de nourriture halal et, dans une moindre mesure, casher, était en forte progression dans les restaurants scolaires et administratifs. Répondre à la demande de repas respectant les interdits religieux dans la restauration scolaire est loin d'aller de soi : les communes proposant un repas de substitution lorsque le menu comporte du porc sont confrontées à nombre croissant d'autres demandes liées à la confession. Le repas sans viande, au nom de la laïcité, apparaît comme une solution alternative séduisante, mais certains élus vont lui préférer un même repas pour tous, également au nom de la laïcité.

La formation des élus s'avère ainsi indispensable : le repérage d'expériences de terrain réussies devrait leur permettre d'échapper à la crainte d'être taxés d'islamophobie comme à celle d'être débordés par des demandes très différentes qu'ils ne pourront satisfaire.

En 2011, l'État a demandé à chaque préfet de désigner un membre du corps préfectoral comme correspondant local « laïcité », référent notamment des élus sur toutes les questions liées à l'application du principe de laïcité. Ce correspondant doit animer une conférence départementale de la liberté religieuse, rassemblant les élus locaux, les responsables des services publics et les représentants des cultes. Il pourrait constituer une aide précieuse pour les élus.

Malgré les difficultés d'une mise en œuvre bousculée par différentes communautés en France aujourd'hui, la laïcité doit être confortée, tant au sein des services municipaux que dans leurs relations avec les usagers.

II. La promotion de la laïcité par les services communaux

C'est d'abord au sein même des services que la laïcité doit être garantie (A), avant de prendre corps dans les relations avec les usagers des services (B).

A. La laïcité doit être inscrite au cœur de l'exercice des missions des agents

Une sensibilisation des agents s'impose au quotidien. Leur exemplarité s'avère en effet essentielle à la préservation de la laïcité.

En 2009, la délégation régionale de Grenoble du CNFPT Rhône-Alpes a pris l'initiative d'apposer dans ses locaux une charte pour la laïcité fixant à la fois les droits et devoirs des agents et ceux des usagers du service public. Cette charte rappelle notamment que « tout agent a un devoir de stricte neutralité. Il doit traiter également toutes les personnes et respecter leur liberté de conscience. Le fait pour un agent public de manifester ses convictions religieuses dans l'exercice de ses fonctions est un manquement à ses obligations. Il appartient aux responsables de services publics de faire respecter la laïcité dans l'enceinte de leurs services. »

L'irruption de la question du voile dans la société française a souvent été abordée par les médias comme une question touchant à la sécurité publique. Quelques situations critiques entraînant le licenciement d'agents ont également été médiatisées. Mais, au-delà de la question du voile, c'est la question bien plus large du port de signes religieux par les agents qui se pose.

Une circulaire du 2 mars 2011 relative à la mise en œuvre de la loi n° 2010-1192 du 11 octobre 2010 interdisant la dissimulation du visage dans l'espace public précise le rôle du chef de service pour faire respecter aux agents placés sous son autorité les règles posées par cette loi : « Le chef de service est responsable du respect des dispositions de la loi du 11 octobre 2010 et des mesures mises en œuvre, en particulier l'actualisation des règlements intérieurs, pour assurer son application. Il lui appartient de présenter et d'expliquer l'esprit et l'économie de la loi aux agents placés sous son autorité afin que ces derniers se conforment à ses dispositions et puissent veiller, dans les meilleures conditions, à son respect par les usagers du service public. »

La discussion et l'explication permettent souvent de régler la question du port de signes religieux par les agents. La diffusion de notes rappelant les exigences liées au statut d'agent public sont également utiles. Les syndicats tiennent à ce que ces questions soient aussi débattues au sein des instances paritaires.

B. La commune peut également jouer un rôle moteur de défense de la laïcité dans ses relations avec les usagers

La question de la laïcité mérite d'être abordée dans le cadre d'échanges entre citoyens que la commune pourra organiser : certaines communes créent des instances de concertation citoyennes réunissant les représentants de toutes les religions, mouvements de pensées et associations de défense des droits de l'homme. L'organisation par la commune de rencontres entre les communautés religieuses permet de montrer l'attention qu'elle porte au rôle des religions dans la cité.

La charte du CNFPT Rhône-Alpes rappelle très utilement que « les usagers des services publics ne peuvent récuser un agent public ou d'autres usagers, ni exiger une adaptation du fonctionnement du service public ou d'un équipement public. Cependant le service public s'efforce de prendre en considération les convictions de ses usagers dans le respect des règles auquel il est soumis et de son bon fonctionnement. »

Ainsi, les usagers du service public ont le droit de manifester leurs croyances religieuses. Le juge a décidé que le port, par des élèves, de signes manifestant leur appartenance à une religion n'était pas incompatible par lui-même avec le principe de laïcité, dès lors qu'ils ne constituent pas un acte de prosélytisme.

La commune a tout intérêt à faire vivre le principe de laïcité en rappelant aux citoyens les principales règles qui s'imposent dans les relations avec les différentes religions et croyances : en application des dispositions de la loi de 1905, les collectivités peuvent financer les dépenses d'entretien ou de conservation des édifices servant à l'exercice d'un culte dont elles sont propriétaires. Elles peuvent aussi accorder des concours aux associations cultuelles pour des travaux de réparation d'édifices cultuels. Différentes jurisprudences fondent une collectivité à participer au financement d'un bien destiné à un lieu de culte, dès lors qu'existe un intérêt public local à valoriser les atouts culturels ou touristiques d'un édifice cultuel, à aménager un équipement permettant l'exercice d'un abattage rituel, à permettre l'utilisation à titre onéreux d'un local communal pour l'exercice d'un culte. De plus, le choix d'une gestion déléguée de certains services ne saurait justifier une dégradation du service rendu aux usagers : les valeurs républicaines, et notamment le principe de laïcité, doivent être respectés par ces prestataires.

Ainsi, l'heure est bien, non à un repli frileux sur des valeurs figées, mais à la promotion de la laïcité, tant au sein des services de la ville que dans les relations avec tous les citoyens, en sachant valoriser ce que le droit permet et inventer des réponses concertées à des situations inédites.

PARTIE 5

Un rappel express de la méthode

FICHE 34 PHASE 1 : ANALYSEZ LA COMMANDE

Vous consacrez généralement trop peu de temps à cette analyse qui détermine pourtant les informations à trouver dans les « documents joints ».

• L'analyse du libellé vous permet d'abord parfois de déterminer à qui vous vous adressez, et qui vous êtes.
Elle vous permet de déterminer l'objet de votre synthèse : il ne sera pas inutile, pendant la phase d'exploitation des documents du dossier, de revenir régulièrement au sujet pour vérifier que l'on ne s'éloigne pas du « cahier des charges ».

• Une analyse fine doit vous permettre de bien distinguer la « mise en situation » que peut comprendre la commande et l'objet précis de la synthèse.

• Avant même d'aborder le dossier, demandez-vous, à partir de la commande, quels **éléments incontournables** la synthèse devrait (sous réserve que le contenu du dossier valide cette analyse) comprendre :
- **moyens** humains, techniques, financiers, économiques ;
- **risques** juridiques, politiques, économiques, sociaux ;
- **avantages** (politiques, économiques, sociaux), **inconvénients** ;
- **modes d'organisation** (partenariat) ;
- **résultats** ;
- précautions indispensables…

• D'autres listes préconçues de mots peuvent aussi vous aider à prédéterminer quelles informations vous allez rechercher dans le dossier : c'est le fameux **QQOQC**, auquel on peut adjoindre quelques mots clés.
- Qui ? (Quels sont les principaux acteurs ?)
- Quoi ? (De quoi s'agit-il précisément ? Peut par exemple vous conduire à rechercher des définitions afin que l'objet même de la synthèse soit précis)
- Où ? (Quelles expériences réalisées ? Renvoie souvent aux expériences locales)
- Quand ? (La question a-t-elle une histoire ? Que s'est-il passé avant ? Cela explique-t-il maintenant ?)
- Comment ? (Quels moyens mis en œuvre ? Quelle logique de l'action : créer puis gérer, ou expérimenter puis évaluer…)

• On peut ajouter **PDA** :
- Pourquoi ? (Quelles sont les causes du phénomène ? Pourquoi ces acteurs, ces objectifs, ces moyens… ?)
- Dans quel but ? (Quels sont les objectifs ?)
- Avec quels effets ? (Quel bilan ? Quelles incertitudes demeurent ?)

FICHE 35 PHASE 2 : ANALYSEZ LA LISTE DES DOCUMENTS ET LEURS TITRES

L'analyse de la composition du dossier vous permet d'adopter une stratégie (par quel document commencer ?) que la lecture de survol du dossier validera ou invalidera.

- Les documents peuvent être de natures diverses :
– documents juridiques : loi, décret, arrêté, circulaire ; décision jurisprudentielle (tribunal administratif, Conseil d'État…) ;
– documents officiels ;
– articles de presse spécialisée ;
– articles de presse généraliste ;
– extraits d'ouvrages…

- Si le dossier comporte des **documents juridiques**, on aura généralement intérêt à commencer par la circulaire qui précise les modalités d'application de la loi ou du décret : dans la plupart des cas, les informations de la circulaire dispenseront d'utiliser celles de la loi ou du décret qui seraient redondantes (ce qu'il faudra tout de même vérifier !).

- C'est souvent dans les documents commentant les documents juridiques que l'on trouvera le **document pivot**, qui fournit le maximum d'informations sur le sujet et à partir duquel on pourra ouvrir le plus grand nombre de « fiches » sur ce sujet.
C'est généralement dans la presse, spécialisée ou non, que l'on trouve des approches problématiques de la question faisant l'objet de la synthèse.

- Les **titres** et les **dates** des documents peuvent par ailleurs permettre une première approche problématique du sujet :
– il n'est pas rare que les seuls titres des documents vous donnent déjà une idée de sous-partie, voire plus ;
– les dates peuvent être également très éclairantes : si des articles sont antérieurs à la création d'une institution, à l'instauration d'un dispositif, il y a tout lieu de penser qu'on va y trouver une analyse des causes de la réforme.

FICHE 36 PHASE 3 : PARCOUREZ LE DOSSIER

Ce parcours va vous permettre de hiérarchiser les différents documents.

- Les documents peuvent suivre l'ordre hiérarchique suivant :
– celui qui semble directement permettre de répondre à la demande ou à une partie importante de la demande : on parle alors de « document pivot » ;
– celui qui n'en aborde qu'un aspect : il apporte un complément d'information sur un aspect particulier : c'est le document complémentaire ;
– celui qui illustre le sujet : article ou reportage sur telle ou telle réalisation ou mise en œuvre ;
– celui qui est périphérique : il ne concerne pas directement la demande, mais est un élément de compréhension du sujet ; il sert souvent pour l'introduction, ou pour la phase « ouverture » de la conclusion ;
– celui qui est hors sujet : c'est exceptionnel, mais des parties d'un document peuvent très bien être hors sujet.

- Plusieurs documents peuvent remplir la même fonction : on parlera de documents redondants. Après s'en être assuré, on sélectionnera celui qui se prête le mieux à la synthèse et on ne lira pas les autres.
D'une manière générale, il est rare qu'il faille lire l'intégralité du dossier qui vous est remis. On l'a dit, les textes juridiques sont la plupart du temps « doublés » par des articles parus dans des périodiques qui les présentent, en font l'analyse. Cela vous dispense alors de leur lecture.

- Trop souvent négligée par le candidat qui craint d'y perdre du temps, cette lecture est utile si elle permet de valider l'analyse de la commande et de la liste des documents joints et, surtout, de déterminer le **document pivot** : ce document est celui dont l'exploitation va permettre d'identifier le plus grand nombre d'arguments permettant de traiter le sujet. Plus ce document permettra d'alimenter des fiches par thèse (correspondant chacune à l'un des aspects du sujet), plus l'exploitation des autres documents sera rapide et facile.

- Remarquons qu'une erreur sur le caractère « pivot » d'un document ne serait pas dramatique : si l'on n'y trouve que peu d'informations utilisables pour traiter le sujet, il faudra rapidement passer à un autre document pour tenter d'en extraire la « substantifique moelle ».

- Soulignons enfin qu'on ne lit pas un dossier de synthèse comme on lit habituellement : la lecture doit être rapide et utile. Le but : repérer l'essentiel (on peut se servir des titres et sous-titres, des intertitres, des chapeaux introductifs, des conclusions), éliminer l'inutile, ce qui est redondant ou hors sujet.

FICHE 37 PHASE 4 : EXPLOITEZ LE DOSSIER

Plusieurs méthodes sont enseignées. Elles ont toutes leur pertinence et, de même qu'un formateur pourra en privilégier une, de même les candidats seront plus à l'aise avec telle ou telle méthode.

Quelle que soit la technique utilisée, une **analyse fine de la commande et des titres** des documents au dossier puis une « **lecture de survol** » **de l'ensemble du dossier** sont vivement conseillées puisqu'elles vont permettre à la fois :

– **de construire un ordre d'exploitation du dossier**. La première lecture permet de hiérarchiser les textes en fonction de leur nature (texte juridique, presse spécialisée, presse généraliste…), de leur date, de leur longueur, de leur pertinence pour honorer la commande. Elle va déterminer le document par lequel je commencerai l'exploitation du dossier parce qu'il me paraît contenir le plus d'informations utiles ;

– **de distinguer des thèses** :
  - – qui peuvent parfois permettre de préconcevoir le plan de la synthèse (**méthode 1**) idéale, mais que des dossiers touffus rendent parfois difficilement praticable ;
  - – qui permettent très fréquemment de préconcevoir des fiches synthétiques (**méthode 2**) ;
  - – qui aident à discerner les points à mettre en valeur lorsqu'on rédige une fiche par document (**méthode 3**).

Trois méthodes

Si on peut les distinguer par commodité d'exposition, ces trois méthodes ne sont pas totalement « étanches » les unes par rapport aux autres, et le traitement d'un sujet donné pourra requérir, par exemple, de passer à la fois par la méthode 1 et la méthode 2.

La rédaction de fiches synthétiques à partir d'un plan préconçu (méthode 1)

• **Vous rédigez une fiche par sous-partie, voire par partie.**

• L'analyse de la commande et des titres, une lecture de survol du dossier, particulièrement attentive aux **titres, chapeaux introductifs, sous-titres, intertitres, encadrés, légendes**… vous ont permis d'identifier les thèses principales à mettre en valeur, si possible au nombre de quatre, ou à ramener rapidement à un nombre de quatre.

Pourquoi quatre ? Parce que vous devez viser une synthèse organisée en deux parties comprenant chacune deux sous-parties.
Il vous reste à aller chercher dans le dossier les éléments nécessaires pour remplir ces futures sous-parties.
Vous devrez ensuite les organiser en parties.

• Autre manière de travailler à partir d'un plan préconçu : le travail préliminaire vous permet d'opter pour un plan binaire classique, du type :
- Bilan / Perspectives
- Constat / Préconisations
- Problèmes / Solutions
- Causes / Conséquences
- Aspects positifs / Aspects négatifs
- Avantages / Inconvénients
- Avantages / Limites
- Vertus / Défauts
- Dispositif / Conditions de bon fonctionnement
- Cela permet / À condition que
- Organisation / Fonctionnement
- Aspects internes / Aspects externes
- Les faits / Le droit

Plus finement :
- Un dispositif / Mais des difficultés dans son application
- Des objectifs / Une mise en œuvre
- Des avancées / Mais des insuffisances
- De nouvelles missions / Avec de nouveaux moyens

• À partir d'un plan en deux grandes parties, vous classez au fur et à mesure de l'exploitation du dossier les informations dans deux grandes parties, puis vous subdivisez chaque partie en deux sous-parties (praticable par simple indexation par A ou par B des informations de chaque partie).

En effet, des plans binaires peuvent se décliner plus finement :
- Les faits / Des réponses insuffisantes // Une nouvelle réponse / Les conditions de réussite
- Un bilan positif / non sans insuffisances // Une réforme / qui laisse des questions en suspens
- Un bilan négatif / une réforme // Des problèmes non traités / qui imposeront d'autres changements
- Un bilan positif / et négatif // Un projet de réforme / qui soulève des inquiétudes

– Un problème ancien / qui évolue // Le droit est dépassé / et devra évoluer
– Un problème ancien / mal résolu // Des solutions nouvelles / encore incertaines
– Des principes nouveaux / qui fondent un nouveau dispositif // Les conditions de réussite / Des expériences éclairantes

- **Avantages** : l'exploitation du dossier est aisée, efficace et rapide. Vous ne retenez que ce qui sert chacune des sous-parties ou parties.

- **Inconvénients** : une erreur initiale de plan va fausser toute la synthèse. Si l'on ne « tient » d'entrée de jeu que les deux grandes parties, un travail important de classement (A et B de chaque partie, puis hiérarchisation à l'intérieur de chaque A et chaque B) reste à accomplir avant la rédaction définitive. Si l'on « tient » trop de sous-parties, un travail de réorganisation reste à accomplir pour parvenir à un plan satisfaisant.

La rédaction de fiches par thèse (méthode 2)

- **Vous rédigez une fiche par thèse.**

- Il s'agit bien d'une rédaction par thèse et non par document.
L'analyse de la commande et des titres, la lecture de survol du dossier (et notamment celle des **titres**, **sous-titres**, **chapeaux introductifs**, **intertitres, encadrés, légendes**...) vous ont permis de repérer des thèses qui vous paraissent « incontournables » pour traiter le dossier, mais vous n'êtes pas encore en capacité de rédiger un plan, généralement parce que les thèses sont trop nombreuses.

- À partir d'un document, vous ouvrez autant de fiches que ce document aborde de thèses (idées principales) différentes.
Bien sûr, vous n'ouvrez pas de fiche lorsque qu'une thèse contenue dans le document est sans lien avec l'objet de la note de synthèse.
Il peut arriver qu'un document ne contienne qu'une seule thèse et ne donne donc lieu qu'à la rédaction d'une seule fiche.

- **Si vous retrouvez cette même thèse (idée principale) dans un autre document, vous n'ouvrez pas une autre fiche mais vous complétez celle que vous avez déjà ouverte.**

- Pensez, à la fin de chaque information sur un thème donné, à noter le document d'où provient l'information. Cette mention ne sera évidemment pas reprise dans la rédaction finale, mais elle vous permet d'aller retrouver la source de l'information si, au moment de la rédaction définitive, celle-ci ne vous paraît plus suffisamment claire (ce qui n'est nullement souhaitable : perte de temps !).

- **Avantages** : vous n'écrirez jamais deux fois la même chose. La rédaction définitive est facilitée par le regroupement logique des informations.
- **Inconvénients** : l'ouverture d'un nombre excessif de fiches peut retarder l'élaboration du plan définitif. Certaines fiches auront été ouvertes « pour rien » dans la mesure où le faible nombre d'informations qu'elles contiendront ne permettra pas de nourrir une sous-partie, quelle qu'en soit la pertinence sur le fond. Parfois, vous n'osez pas vous « risquer » à mettre en valeur des thèses, de crainte de faire fausse route.

La rédaction de fiches par document (méthode 3)

- **Vous rédigez une fiche par document.**
- L'analyse de la commande et des titres, la lecture de survol du dossier ne vous ont pas permis de mettre en valeur des thèses qui vous satisfassent. Vous avez tout de même repéré quelques « incontournables » qui vont vous aider.
- Rien n'est donc perdu ! Pour que la méthode soit efficace, mettez en valeur l'essentiel dans la marge en vous aidant des titres, des chapeaux introductifs et des intertitres.
Vous pouvez utiliser des codes couleur qui faciliteront le regroupement des informations au moment de la rédaction définitive, ou travailler par colonnes à partir de mots clés.
- **Avantages** : la méthode est rassurante, vous engrangez des informations au fur et à mesure de la lecture du dossier. C'est la méthode la moins risquée, la plus besogneuse.
- **Inconvénients** : vous risquez d'écrire deux fois la même chose. Vous devez regrouper des informations éparses (éclatées sur plusieurs fiches) pour procéder à la rédaction définitive. Cela requiert une indexation rigoureuse de l'information (des résumés des différents documents qui n'en mettraient pas en valeur les grands axes, les « arêtes », seraient très peu opérants). Vous risquez de vous trouver au terme du travail de prise de notes avec des fiches nombreuses qui ne vous permettent pas facilement d'élaborer un plan.
Plus fondamentalement, cette technique est « chronophage » et vous expose au risque de l'inachèvement.

FICHE 38 PHASES 5 ET 6 : DÉCIDEZ D'UN PLAN ET RÉDIGEZ

1. Arrêtez définitivement votre plan

À partir de là, il ne reste plus qu'à adopter un agencement cohérent des fiches pour construire le plan, ou affiner une intention de plan, ou valider un plan préconçu. En valorisant plus ou moins telle ou telle information (dans la limite de l'obligation d'objectivité), on peut bâtir à partir des fiches plusieurs plans entre lesquels il faudra choisir.

2. Rédigez votre copie

- Il reste à rédiger au brouillon l'introduction : on dispose déjà du passage essentiel de l'introduction, l'annonce de plan. On a également repéré les éléments utiles à une entrée en matière en analysant les documents. Il reste à exprimer clairement la problématique.
- Profitons-en pour rédiger également la conclusion qui, en quelques lignes, doit souligner l'essentiel.
- On peut alors procéder directement à la rédaction au propre en recopiant, avec quelques réécritures ponctuelles, dans les parties et sous-parties *ad hoc*, les informations contenues dans les fiches.

CONSEIL DU FORMATEUR :

Pour éviter le piège du « copier-coller » et pour gagner du temps, adoptez un style « prise de notes » pour la rédaction de vos fiches (brouillon). Une seule exception : dans une note juridique, vous êtes légitimement amené à citer des articles précis (sans abuser des citations toutefois).

3. Pendant toute l'épreuve : gérez votre temps

La réussite au concours ne réside pas que dans la capacité à rédiger une note de synthèse, mais aussi à la faire en **temps limité**, c'est-à-dire en trois ou quatre heures généralement. Il convient donc de s'entraîner en temps limité et de ne pas brûler les premières étapes du travail.

Entraînez-vous en temps limité

- Multipliez les incursions sur les sites des autorités organisatrices pour accéder aux sujets d'annales.

C'est seulement en vous entraînant sur des sujets de synthèse des sessions précédentes du (ou des) concours préparé(s) que vous mesurerez les difficultés que vous aurez à surmonter.

• Certains ont des difficultés dans la première partie du travail, celle qui permet d'accéder au plan, d'autres dans la prise de notes, d'autres enfin dans la rédaction. Il vous faut impérativement **connaître vos forces et vos faiblesses** et travailler pour atténuer celles-ci et accroître celles-là.

• Le travail de la note de synthèse exige une capacité particulière à travailler vite, à ne pas « paniquer » devant la taille du dossier, les documents qui peuvent apparaître longs à lire, des textes de lois illisibles pour quelqu'un qui n'a pas l'habitude d'en lire.
Pourtant, un minimum d'entraînement va petit à petit vous rassurer, car vous allez constater que ce n'est pas impossible.

Ne brûlez pas les étapes

Chacune des étapes peut être plus ou moins raccourcie ou allongée en fonction de vos compétences personnelles, mais l'épreuve elle-même dure trois ou quatre heures.
La copie vous sera impitoyablement retirée au terme du temps réglementaire, et ne comptez pas sur les brouillons que vous pourriez glisser dans la copie, ils ne seront pas conservés par l'autorité organisatrice et, s'ils l'étaient, ils ne seraient en toute hypothèse pas corrigés.

Conseil du formateur :
N'oubliez jamais que vous gagnez généralement moins de points à écrire dix minutes de plus que vous n'en perdez en ne consacrant pas ces dix minutes à une relecture exigeante !

Pour conclure, reprenons une phrase qu'affectionne un président de nombreux jurys de concours : « **Un concours est avant tout un concours de circonstances.** »
Le jour J, un candidat, dans un état physiologique et psychologique qu'il ne maîtrise pas totalement, rencontre un sujet, un thème, qui lui est plus ou moins familier.
La préparation vise justement à réduire au minimum la part des « circonstances » dans la réussite.
Elle est d'autant plus utile ici que la rédaction d'une synthèse ne nécessite aucun savoir mais requiert beaucoup de savoir-faire.

PARTIE 6

Les propositions ou solutions opérationnelles

FICHE 39 QUELQUES CONSEILS MÉTHODOLOGIQUES

Cousine germaine de la note de synthèse, de la note administrative et du rapport, la note ou le rapport assorti de propositions (ou de solutions opérationnelles) requiert généralement que, après une partie synthétique valorisant les éléments essentiels du dossier pour rendre compte des principaux éléments contextuels (juridiques, économiques, techniques…) qui déterminent les propositions ou solutions, celles-ci soient exposées dans une seconde partie.

1. Il convient donc avant tout d'analyser les éléments de contexte précisés dans la commande

La nature de la collectivité (commune, département ou région), de l'établissement public local concerné, du service de l'État concerné, de la strate démographique à laquelle l'établissement ou la collectivité appartient… la qualité du destinataire, celle de l'auteur de la note, le contexte précis dans lequel le destinataire passe commande de cette note et tous les autres éléments éventuellement fournis (mode d'organisation, mode de gestion des services, mode de réalisation d'un projet…) sont destinés à orienter tant la valorisation des informations utiles du dossier que la mobilisation de connaissances afin de dégager des propositions ou solutions opérationnelles appropriées.

2. Des exemples d'analyse de commandes

- **La commande d'un maire nouvellement élu porte sur la faisabilité d'une délégation de service public dans une commune de 40 000 habitants qui emploie 2 000 agents.**

Cette précision sur le nombre d'agents permet au candidat bien au fait du contexte territorial de mesurer que cette commune gère actuellement un grand nombre de ses services en régie directe. Cette observation, sans être déterminante, conduit à ajuster ses arguments en ayant en tête la « révolution culturelle » que constitue pour cette commune le nouveau mode de gestion qui fait l'objet du rapport commandé par un maire « nouvellement élu » qui s'interroge sur de nouvelles manières de faire.

Le rédacteur de la note devra également prendre en compte le fait qu'une éventuelle réorganisation des services requiert une information du comité technique.

- **La commande précise que le maire veut présenter un dossier sensible en bureau municipal avant de le soumettre le cas échéant au conseil municipal.**
Le candidat doit bien mesurer que la présentation au bureau municipal ne devra occulter aucune dimension du dossier afin que l'exécutif de la commune puisse décider si ce dossier peut ou non être soumis au conseil municipal ou si d'autres étapes préalables sont nécessaires, comme l'examen par différentes commissions municipales. Le fait que le rapport éclaire les choix de l'exécutif rend possible la présentation de solutions alternatives.
Un candidat qui ne connaîtrait pas l'articulation des instances décisionnelles ou consultatives au sein de cette collectivité territoriale risquerait de proposer des solutions opérationnelles hors contexte.

- **La commande précise le budget prévisionnel alloué à une opération.**
Le montant de ce budget guidera le candidat dans ses propositions en termes de mode de passation des marchés.

- **La commande précise que le maire de la commune, qui compte 40 000 habitants, entend soumettre tel dossier au prochain conseil municipal.**
Cette précision permet au candidat bien au fait des modes d'information des conseillers municipaux dans les communes de 3 500 habitants et plus de mettre en valeur dans son rapport les informations essentielles à communiquer avec la convocation du conseil municipal.

- **Ainsi, les solutions ne sauraient « sortir du chapeau » du candidat. Pour convaincre, elles doivent être fondées sur une analyse précise des problèmes, argumentées (en s'appuyant par exemple sur l'élimination de solutions inappropriées) et adaptées au contexte précisé dans le sujet.**

- **Le candidat doit être à même de dégager des solutions réalistes et de préciser les conditions et les moyens de leur réalisation : moyens humains et financiers à mobiliser, échéances, contraintes réglementaires à prendre en compte, faisabilité.**
Il doit prendre appui sur son expérience professionnelle (notamment sa connaissance des causes d'échec possibles et des facteurs de facilitation) pour valoriser le caractère opérationnel des solutions qu'il propose.

- **Ces solutions doivent être appropriées, c'est-à-dire ajustées aux éléments de contexte précisés dans le sujet et au contexte général dans lequel agit la collectivité, l'établissement, le service, en adéquation avec ses compétences, ses moyens (juridiques, financiers, humains…), son organisation et son fonctionnement.**

3. Des exemples de plans

Énoncé

« Vous êtes chargé de mission à la Direction de l'administration et des marchés publics de la Ville de X.

Désireux d'améliorer les conditions d'exploitation de chauffage de sa commune et ne souhaitant pas avoir recours à la gestion en régie, le nouveau maire s'interroge sur la procédure à adopter de façon à concilier la sécurité juridique des contrats conclus par la ville et leur efficacité économique, en tenant compte de son engagement à développer des énergies renouvelables et de son souci de réaliser des économies de frais de fonctionnement.

Le maire se montre particulièrement intéressé par la possibilité de confier à un unique cocontractant l'ensemble des missions impliquées par cette opération complexe qu'il envisage, mais semble redouter d'éventuels risques contentieux. Il vous demande, dans ce contexte et à l'aide du dossier joint, de rédiger un rapport sur l'opportunité que l'administration aurait ou non à mettre en œuvre un contrat de partenariat public-privé pour répondre aux objectifs précédemment énoncés. »

Plans possibles

À partir d'un plan binaire de type problèmes/solutions, on peut, compte tenu des éléments précisés dans la commande, préconcevoir plus finement les sous-parties suivantes :

I- Le contrat de partenariat public-privé : un dispositif risqué
A. Un dispositif juridiquement complexe
B. Des risques contentieux sérieux

II- Des gains possibles sous réserve d'élaborer un projet adapté
A. Un dispositif efficace économiquement
B. La nécessité d'un projet concerté entre les services fonctionnels de la ville

D'autres plans sont possibles, comme :
I- Le contrat de partenariat public-privé : un dispositif ambivalent
A. Un dispositif qui présente de nombreux avantages
B. Un dispositif juridiquement risqué

II- Une option possible mais exigeante
A. Le bilan coût-avantages rend légitime le recours à ce dispositif
B. Les services fonctionnels de la ville ne sauraient l'élaborer sans concertation
C. Un plan d'action précis s'impose

Ou :

I- La connaissance des risques constitue un préalable indispensable

A. L'analyse du contentieux doit précéder toute décision

B. Le contrat de partenariat public-privé apparaît juridiquement fondé pour améliorer le chauffage

II- Le montage du projet requiert la plus grande rigueur

A. Une concertation étroite entre service financier et service juridique est indispensable

B. Un plan d'action cohérent doit être suivi rigoureusement

Ou :

I- Un projet de rénovation ambitieux peut s'inscrire dans un contrat de partenariat public-privé

A. La rénovation du système de chauffage entend concilier économie et écologie

B. Le recours au contrat de partenariat public-privé s'avère alors juridiquement fondé

II- Cependant, les contraintes méthodologiques sont fortes

A. Le dispositif est juridiquement complexe

B. Un plan d'action concerté entre les services de la ville est indispensable

Ou encore :

I- L'observation et l'analyse conduisent à opter pour le contrat de partenariat public-privé

A. L'expérience des autres collectivités juridiques est encourageante

B. La jurisprudence s'avère riche d'enseignements

II- La mise en œuvre est cependant loin d'aller de soi

A. Le dispositif s'avère juridiquement très complexe

B. S'engager dans un contrat de partenariat public privé requiert un plan d'action concerté

On se rend compte à la lecture des plans ci-dessus que la **méthodologie de la conduite de projet doit être maîtrisée**. Elle fait l'objet de la fiche 40.

LA MÉTHODOLOGIE DE PROJET

Qu'est-ce qu'un projet ?

Un **projet** est un ensemble d'actions entreprises pour atteindre un objectif dans un délai fixé et dans la limite des moyens alloués.
Un projet est innovant et unique, contrairement aux **opérations**, processus répétitifs.
Le projet cherche ainsi à répondre à un besoin (objectif fonctionnel), en respectant des spécifications (objectif technique), des délais (objectif de respect des échéances) et des coûts (objectif de respect du budget).

Qu'est-ce que la gestion ou conduite de projet ?

La **gestion de projet** ou **conduite de projet** est une démarche visant à structurer, assurer et optimiser le bon déroulement d'un projet qui requiert :
– une planification dans le temps ;
– une budgétisation (étude préalable des coûts et avantages ou revenus attendus, des sources de financement, des risques opérationnels et financiers…) ;
– une maîtrise des risques ;
– l'atteinte du niveau de qualité souhaité ;
– l'intervention de nombreuses parties prenantes ;
– la désignation d'un chef (ou directeur) de projet, la mise en place d'un comité de pilotage, lorsque l'on conduit le projet « en mode projet » (voir ci-dessous) ;
– le suivi des enjeux opérationnels et financiers.
L'objectif doit être précis, chiffré, daté, le résultat conforme à des normes de qualité et de performances prédéfinies, pour le moindre coût et dans le meilleur délai possible.

Qu'entend-on par conduite de projet en « mode projet » ?

L'organisation hiérarchique (pyramidale) s'avère inadaptée à la réalisation de certains projets dont la dimension transversale est très marquée et qui vont donc nécessiter la collaboration de plusieurs acteurs appartenant à différents services ou directions d'une même collectivité ou d'un même établissement.
Le fonctionnement en « mode projet » s'avère ainsi efficace pour mener à bien des opérations nouvelles, limitées dans le temps, exigeant la coopération de plusieurs directions ou services.
Si le « mode projet », importé du secteur privé dans le secteur public, a incontestablement bénéficié d'un effet de mode, il convient d'être attentif à ne pas le généraliser et à savoir opter, lorsqu'un projet n'est pas novateur et peut être conduit dans un cadre hiérarchique « classique », pour une réalisation du projet dans ce cadre hiérarchique.

Comment conduire un projet en « mode projet » ?

Les différents acteurs de cette conduite sont :

– un maître d'œuvre, entouré d'une équipe projet : le **chef de projet** (ou directeur de projet) ;

– un **maître d'ouvrage**, entouré d'un comité de pilotage, commanditaire du projet (par exemple, dans une collectivité territoriale, le directeur général des services) ;

– le **comité de pilotage** est également composé d'experts, hiérarchiquement supérieurs aux experts de l'équipe projet, ainsi que de responsables de la collectivité ou de l'établissement directement concernés par le projet, en nombre suffisant pour évaluer et orienter le travail de l'équipe projet, et aider le maître d'ouvrage à faire les choix, au fur et à mesure que le chef de projet lui présentera des options lors du déroulement du projet ;

– l'**équipe projet** est un regroupement d'experts du projet, choisis pour leur variété (multidisciplinarité), en nombre limité.

Ce schéma connaît des variations lorsque les collectivités territoriales et leurs établissements publics les adoptent, mais la distinction entre équipe(s) projet, animée(s) par le chef de projet et comité de pilotage est une constante.

Quelles sont les différentes phases de conduite du projet ?

On peut, de manière très synthétique, mémoriser les « 4 P », soit :

– programmer ;

– planifier ;

– piloter ;

– « publiciser ».

Plus précisément :

– **programmer**, c'est découper le projet en différentes phases cohérentes ;

– **planifier** consiste à organiser l'enchaînement des phases dans le temps ;

– **piloter** suppose la mise en place d'indicateurs (tableau de bord de pilotage) et la définition des moyens de corriger si nécessaire le cours du projet ;

– « **publiciser** » signifie communiquer du début au terme du projet afin de lever les réticences que tout changement suscite.

Ce mode de conduite non hiérarchique impose que le responsable de projet sache mette en œuvre des modes de management inédits tout en connaissant bien l'organisation et le fonctionnement de sa collectivité ou de son établissement. Il doit savoir négocier avec différentes hiérarchies et assurer l'autonomie de l'équipe projet, garante de la qualité de ses travaux.

D'autres présentations plus détaillées des principales étapes de la démarche projet peuvent être proposées, comme :

1. Concevoir

Identifier les objectifs en fonction du besoin

Identifier la raison d'être du projet, c'est-à-dire le besoin à satisfaire ou le problème à résoudre.

Préciser le thème

Procéder à la définition du thème du projet.

Valider le besoin par l'analyse de l'existant

Vérifier l'existence et la réalité du besoin en analysant le contexte de réalisation du projet.

Repérer les contraintes

Déterminer les contraintes organisationnelles, temporelles, matérielles, financières, juridiques, etc.
Identifier les facteurs possibles de résistance.

Programmer les actions

Lister les actions à mettre en œuvre, évaluer la durée de chacune d'elles, choisir les acteurs du projet.

Identifier les solutions

Rechercher les solutions possibles.

Choisir une solution

Opérer le choix le plus approprié en fonction de la définition des objectifs et des contraintes repérées.

2. Réaliser

Mettre en œuvre la solution

Constituer des groupes de travail et informer les différents acteurs du projet.
Répartir les actions à mener.
Consigner l'ensemble des actions dans un planning orienté vers les objectifs à atteindre.
Mettre en œuvre le projet par la réalisation des différentes actions.

Ajuster les actions

Coordonner les tâches grâce à des « reportings » réguliers et des réunions intermédiaires menées par le comité de pilotage du projet.
Gérer les écarts : comparer le prévisionnel avec le réalisé en termes de coût et de qualité.

3. Évaluer

Évaluer le projet

Réaliser un bilan sur la conformité des résultats aux objectifs, sur le fonctionnement des groupes de travail et leur efficacité ; vérifier le respect des contraintes.

Capitaliser l'expérience

– Acquisition de connaissances, retour et capitalisation d'expériences, apprentissage organisationnel.
– Possibilité d'archivage sur un espace collaboratif dédié aux projets et consultable par les initiateurs du projet.

Ce phasage est théoriquement rigoureux, le passage d'un point à un autre étant conditionné par le traitement complet du précédent.

FICHE 41

UN EXEMPLE DE RÉDACTION DE RAPPORT AVEC SOLUTIONS OPÉRATIONNELLES

Concours interne et troisième concours d'attaché territorial, épreuve de rapport, session 2014, spécialité administration générale.
(L'intégralité du sujet traité ci-dessous est notamment accessible sur le site www.cdg69.fr, rubrique « sujets ».)

Énoncé

« Vous êtes attaché territorial au sein de la direction des ressources humaines de la commune d'Alpha qui compte 20 000 habitants et 300 agents.
À ce jour, le dialogue social se déroule *a minima* au sein d'un comité technique (CT) siégeant au sein des instances de la commune : les commissions administratives paritaires (CAP) sont gérées directement par le centre de gestion et il n'y a pas de comité d'hygiène et de sécurité (CHS).
La ville, aux prises avec des difficultés financières, doit travailler à maîtriser l'évolution de sa masse salariale, ce qui impliquera des réorganisations structurelles. Parallèlement, les organisations syndicales soulignent régulièrement lors de la tenue des CT une détérioration des conditions de travail des agents et souhaitent un travail partenarial sur ce sujet.
Consciente de la difficulté de la conduite des changements à venir, la directrice générale des services vous demande de rédiger, à son attention, un rapport sur le dialogue social dans la fonction publique territoriale. Votre rapport devra permettre de dégager des solutions opérationnelles afin d'améliorer le dialogue social dans la commune d'Alpha.
Vous rédigerez ce rapport à l'aide des éléments du dossier et en mobilisant vos connaissances. »

Documents joints

- Document 1 : Dialogue social – site internet ARACT Haute-Normandie – consulté le 19 juin 2014 – 1 page
- Document 2 : Fiches repères pour le CHSCT : l'élaboration d'un plan de travail comme gage d'efficacité de l'action / l'intervention du CHSCT dans les projets – Réseau ANACT – 20 mai 2014 – 4 pages

- Document 3 : Élections professionnelles 2014, des modifications substantielles – Gilles Destaerke – *La lettre du cadre territorial* – avril 2014 – 2 pages
- Document 4 : Une loi pour déployer largement la négociation – Jean-Pierre Guillot – *Faire vivre le dialogue social dans la fonction publique territoriale* – 2011 – 7 pages
- Document 5 : Comité technique, comité d'hygiène, de sécurité et des conditions de travail, commission administrative paritaire – *Circulaire CDG90* – décembre 2012 – 5 pages
- Document 6 : Dialogue social : une rénovation en attente d'un second souffle – Maud Parnardeau – *La Gazette des communes* – 7 juillet 2014 – 2 pages
- Document 7 : Conditions de travail : l'administration peut largement faire mieux – Martine Doriac – *La Gazette des communes* – 19 mai 2014 – 3 pages
- Document 8 : Le choix du bien-être – Alain Cyranber – *Id Efficience territoriale* – n° 2 – décembre 2013 – 2 pages
- Document 9 : *Livre blanc du dialogue social* (extraits) – Jacques Fournier – 22 janvier 2002 – 6 pages
- Document 10 : Dialogue social à Lille – *wiki territorial* – CNFPT – 13 septembre 2012 – 1 page
- Document 11 : Collectivités territoriales : comment améliorer les conditions de travail ? (extraits) – Réseau ANACT – *Travail et changement* – n° 344 – juillet/août 2012 – 2 pages

L'analyse du sujet

Analyse du contexte et de la commande

- Le contexte est assez rapidement tracé : vous êtes attaché territorial au sein de la direction des ressources humaines de la commune d'Alpha, qui compte 20 000 habitants et 300 agents.
- La précision apportée non seulement sur le nombre d'habitants mais aussi sur le nombre d'agents vous permet une représentation assez précise de cette commune, par comparaison avec la commune où vous exercez le cas échéant, ou avec des communes que vous connaissez par expérience ou par lecture de la presse professionnelle (par exemple *La Gazette des communes*, qui rend compte de nombreuses expériences de collectivités territoriales).

• Les différents éléments de contexte communiqués avant la commande qui vous est faite laissent entendre sans ambiguïté que le dialogue social est très peu développé dans cette commune, à l'heure où une maîtrise de la masse salariale imposée par des difficultés financières rend indispensable une réorganisation des services qui laisse craindre une détérioration des conditions de travail.

• Dans ce contexte, la commande porte sur le dialogue social dans la fonction publique territoriale et sur les moyens de le revitaliser dans la commune d'Alpha.

• Cette commande très classique met très aisément sur la voie de la construction des deux parties du rapport, la première pouvant porter sur une présentation du dialogue social dans la fonction publique territoriale avant que la seconde ne traite des moyens concrets de l'améliorer dans la commune. Le vrai travail de construction du plan se résume alors à la structuration de la première partie en deux sous-parties (par exemple : **les enjeux / les outils institutionnels**), avant de concevoir **un plan d'action** en seconde partie.

• Sur le fond, on doit être ici attentif au fait que les « solutions opérationnelles appropriées » sont rédigées à la mi-novembre 2014 (date de l'épreuve écrite du concours), trois semaines environ avant les élections professionnelles du 4 décembre 2014.

Exploitation du sommaire

• Le survol des titres et sources des documents au dossier permet aisément de percevoir que des documents (document 2 : Fiches repères pour les CHSCT – document 5 : Comité technique, comité d'hygiène, de sécurité et des conditions de travail, commission administrative paritaire) contiennent les informations essentielles sur **les outils du dialogue social**.

• On perçoit également facilement qu'**une réforme est intervenue** (document 3 : Élections professionnelles 2014, des modifications substantielles – document 4 : Une loi pour déployer largement la négociation – document 6 : Dialogue social : une rénovation en attente d'un second souffle), de nature à faciliter le dialogue social.

• Cela peut conduire à opter pour une structuration de la première partie différente de celle initialement esquissée : **Les outils insuffisants du dialogue social / La rénovation institutionnelle du dialogue social.**
On peut ensuite aisément repérer des documents qui devraient éclairer **les enjeux du dialogue social** (document 1 : Dialogue social – document 7 : Conditions de travail : l'administration peut largement mieux faire) ainsi que

des titres qui laissent augurer d'informations utiles pour la construction d'un **plan d'action** (document 2 : Fiches repères pour les CHSCT : l'élaboration d'un plan de travail comme gage d'efficacité de l'action – document 10 : Dialogue social à Lille – document 11 : Collectivités territoriales : comment améliorer les conditions de travail ?).

Un plan préconçu ?

- Comme on l'a vu, la « commande » est évidemment structurante, invitant sans aucune ambiguïté à construire une première partie sur le dialogue social dans les collectivités territoriales et une seconde partie sur les solutions opérationnelles pour améliorer le dialogue social dans la commune d'Alpha.
- On a également entrevu, dès la lecture de la commande confortée par celle des titres, deux structurations possibles de la première partie :

A. Les enjeux du dialogue social
B. Les outils du dialogue social dans la fonction publique territoriale
ou :

A. L'insuffisance des outils traditionnels du dialogue social dans les collectivités territoriales
B. Une rénovation bienvenue des outils du dialogue social
La structure de la seconde partie consacrée aux « solutions opérationnelles » attendues pourra prendre plus précisément la forme d'un plan d'action.

Le rapport rédigé

Le corrigé ci-après contient quelques précisions en italique à visée pédagogique qui ne figurent évidemment pas dans une copie de concours (« entrée en matière », « contexte », « problématique », « annonce de plan », etc.).
De même, au sein du développement, **la référence aux documents n'apparaît ici que pour permettre de mesurer d'où proviennent les informations et ne doit pas être conservée dans la copie.**
Soulignons une fois encore que la copie ne doit contenir aucun signe distinctif sous peine d'annulation par le jury du concours pour rupture d'anonymat : il convient donc d'être particulièrement attentif à ne faire figurer dans le timbre aucune mention ne figurant pas dans la commande (n'utilisez pas de nom de collectivité réel ou fictif autre que « Commune d'Alpha », ni de numéro d'enregistrement du rapport, etc.). De même, gardez-vous bien de porter un paraphe ou une signature en fin de copie.

Commune d'Alpha

Le 19 novembre 2014
(date de l'épreuve)

RAPPORT
à l'attention de Madame la directrice générale des services

Objet : L'amélioration du dialogue social dans la fonction publique territoriale

Références : Loi n° 83-634 du 13 juillet 1983 portant droits et obligations des fonctionnaires
Loi n° 84-53 du 26 janvier 1984 portant dispositions statutaires relatives à la fonction publique territoriale
Loi n° 2010-751 du 5 juillet 2010 relative à la rénovation du dialogue social comportant diverses dispositions relatives à la fonction publique

Entrée en matière (accroche)
La plupart des communes françaises sont aujourd'hui confrontées à une situation financière difficile, liée à un contexte économique national lui-même déterminé par les données économiques mondiales. Nombreux sont les budgets locaux qui pâtissent d'un « effet de ciseaux » particulièrement préoccupant dû à une baisse des ressources, notamment liée à la diminution des dotations de l'État, conjuguée à une hausse des dépenses, essentiellement en matière sociale.

Contexte (cadre juridique et contexte territorial)
Ce contexte défavorable rend indispensable une maîtrise de la masse salariale imposant une réorganisation des services. Les organisations syndicales craignent une détérioration des conditions de travail et souhaitent que cette réorganisation soit conduite dans le cadre d'un partenariat entre la collectivité et les représentants des agents.

Problématique
La réussite de la réorganisation des services requiert une amélioration du dialogue social entre les différents acteurs de la collectivité – direction, encadrement, agents, représentants du personnel – qui devra tirer parti des dispositions de la loi du 5 juillet 2010 sur la rénovation du dialogue social.

Annonce de plan

Ce rapport présentera donc les enjeux et les outils du dialogue social dans la fonction publique territoriale (I), avant de proposer un plan d'action pour améliorer le dialogue social dans la commune d'Alpha (II).

I. Les enjeux et les outils du dialogue social dans la fonction publique territoriale

Chapeau introductif

Les enjeux du dialogue social dans les collectivités doivent être clairement perçus (A), afin que les outils de ce dialogue soient utilisés au mieux (B).

A. Un enjeu essentiel pour les collectivités territoriales

La loi du 13 juillet 1983 portant droits et obligations des fonctionnaires pose le principe de la participation des fonctionnaires au moyen d'organes consultatifs où siègent les délégués des fonctionnaires, cette participation portant sur « l'organisation et le fonctionnement des services publics, l'élaboration des règles statutaires et l'examen des décisions individuelles relatives à leur carrière ». Plusieurs instances inscrivent dans les faits cette participation : les conseils supérieurs de la fonction publique, les commissions administratives paritaires, les comités techniques paritaires et les comités d'hygiène et de sécurité.

Un livre blanc du dialogue social datant de 2002 souligne que le fonctionnement des commissions administratives paritaires, qui traitent de la gestion individuelle des carrières, est satisfaisant, même si la véritable cogestion des carrières par l'employeur et par les organisations syndicales qui s'est parfois installée aboutit à une prédominance abusive de l'ancienneté dans les critères d'avancement. Les comités techniques paritaires, en revanche, dont les compétences facultatives s'exercent sur l'organisation et le fonctionnement des services, font l'objet de critiques, leur fonctionnement étant caractérisé par un formalisme et un émiettement des représentations qui empêchent un véritable dialogue social.

Nombreuses sont les études qui montrent que les administrations demeurent souvent sourdes aux travaux des organisations syndicales de fonctionnaires sur les conditions de travail et la souffrance au travail. Celles-ci déplorent que les difficultés auxquelles sont confrontés les agents dans l'exercice de leurs missions ne soient pas suffisamment prises en compte et demandent la mise en place d'un système de gestion de la sécurité et de la santé au travail. Des études européennes laissent apparaître que le juste exercice de l'autorité hiérarchique, qui doit être capable de décider, de protéger « ses » agents, d'assumer ses responsabilités, de fixer des orientations, est un facteur déterminant de l'amélioration des conditions de travail. La qualité du management de proximité est ainsi essentielle pour permettre l'expression et la participation des agents *(document 9)*.

Enfin, la mutabilité des services publics est une qualité indispensable à leur pérennité : un changement réussi ne peut se construire qu'avec le concours des agents eux-mêmes dans le cadre du dialogue social qui doit prendre en compte les attentes des usagers du service public *(document 9)*.

B. Des outils dont la rénovation est prometteuse

La loi du 5 juillet 2010 étend le champ du dialogue social en permettant aux organisations syndicales de participer notamment à des négociations sur l'organisation du travail et, plus largement, sur l'ensemble des conditions dans lesquelles les agents remplissent leurs missions. La loi précise en outre que la négociation doit se dérouler « à tous les niveaux pertinents ». De plus, la loi permet à tout syndicat constitué depuis au moins deux ans et satisfaisant aux critères de respect des valeurs républicaines et d'indépendance, de présenter des candidats aux élections professionnelles.

Les comités techniques (CT) voient leurs compétences étendues : ils émettent un avis sur l'organisation et le fonctionnement des services, les grandes orientations sur les effectifs, les emplois et les compétences et sont informés sur toute décision budgétaire ayant une incidence sur la gestion des emplois. Leurs membres ne sont plus désignés par les organisations syndicales à partir des résultats des élections aux commissions administratives paritaires mais directement élus par le personnel. La fin de l'obligation du paritarisme au sein des comités techniques, paritarisme qui générait souvent de faux dialogues entre les représentants des organisations syndicales et ceux de l'administration, peut également améliorer le fonctionnement des comités techniques. Le comité technique demeure composé de représentants du personnel et de représentants de l'administration, mais la parité n'est plus requise.

Un accord du 20 novembre 2009 a transformé les comités d'hygiène et de sécurité (CHS) de la fonction publique en comités d'hygiène, de sécurité et des conditions de travail (CHSCT). Les organisations syndicales peuvent ainsi négocier sur les conditions de travail et, en conséquence, l'organisation du travail *(document 11)*. Les CHSCT sont désormais institués, comme les comités techniques, dans les collectivités employant au moins 50 agents. Ils sont chargés de contribuer à la protection de la santé physique et mentale et de la sécurité des agents dans leur travail et à l'amélioration des conditions de travail et de veiller à l'observation des prescriptions légales en ces matières.

Les commissions administratives paritaires (CAP), pour leur part, demeurent paritaires *(documents 4 et 5).*
Ainsi la loi du 5 juillet 2010, entrée en application avec les élections professionnelles du 4 décembre 2014, conforte des pratiques d'association des organisations syndicales aux réflexions sur les conditions de travail et confirme les CT et les CHSCT comme instances de dialogue *(document 6).*

Phrase de transition
La rénovation des instances associant des représentants du personnel offre l'opportunité d'améliorer le dialogue social, mais ce dialogue doit s'exercer dans le cadre d'un plan d'action associant tous les acteurs de la collectivité.

II. Un plan d'action pour améliorer le dialogue social dans la commune d'Alpha

Chapeau introductif
Après avoir repéré les écueils (A) et organisé la participation des instances (B), un plan d'action concerté sera mis en œuvre (C).

A. Identifier les difficultés à dépasser

Si les collectivités territoriales sont des organisations complexes, par la diversité des missions et des activités ainsi que par leur gouvernance, les réflexions sur l'organisation du travail y demeurent souvent inabouties. Les différents acteurs, élus, administration, organisations syndicales, agents ont ainsi beaucoup à découvrir et à inventer.
Le débat sur l'organisation du travail dans la commune peut permettre d'améliorer les conditions de travail, mais aussi créer des tensions entre élus, administration, organisations syndicales. La diversité des métiers exercés par les agents est un facteur de complexité supplémentaire, d'autant que certains peuvent récuser les notions de rentabilité et de performance. Ce débat peut aussi peser sur les relations entre personnes, services ou directions. Prendre le temps de créer du lien entre les différents acteurs s'avère donc essentiel (document 11)[1].

Le contexte particulier de la commune d'Alpha complexifie le problème : le dialogue social y est très réduit, puisqu'il ne s'exerce qu'au sein du comité technique. La ville comptant 300 agents, elle est obligatoirement affiliée au centre de gestion de la fonction publique territoriale qui gère donc ses CAP, ce qui empêche que celles-ci constituent un lieu de dialogue social au sein de

1. Dans cette partie, les éléments fournis par le dossier sont en italique, pour les distinguer des informations fondées sur les connaissances des candidats.

la commune. La création obligatoire d'un CHSCT dans la commune d'Alpha offre incontestablement l'opportunité de développer le dialogue social pour réussir la réorganisation des services. *Mais si les instances jouent évidemment un rôle clé dans le dialogue social indispensable à la réussite de la réorganisation des services, ce dialogue ne doit pas s'arrêter au fonctionnement habituel de ces instances : d'autres moments de réflexion avec l'ensemble des syndicats au cours desquels l'administration pourra présenter ses projets ou les construire avec les organisations syndicales s'avèrent pertinents (documents 9 et 10).* Le plan d'action à conduire doit donc comprendre les instances mais ne pas se limiter à elles.

B. Faire du CHSCT et du CT des acteurs essentiels d'un dialogue social élargi

Après les élections professionnelles du 4 décembre 2014, l'autorité territoriale devra établir la liste des organisations syndicales (OS) habilitées à désigner des représentants au sein du CHSCT désormais obligatoire ainsi que le nombre de représentants auxquels chaque OS a droit à proportion des voix qu'elle aura obtenues à l'élection au comité technique. La ville devra également fixer le délai dont disposent les OS pour désigner leurs représentants, la loi imposant que les représentants du personnel soient désignés au plus tard le 4 janvier 2015. Préalablement, le conseil municipal a, avant le 25 septembre 2014, fixé le nombre des représentants des personnels et de l'administration tant au CT qu'au CHSCT (document 2).

Par cette délibération, le conseil municipal a acté le choix de la commune de ne pas faire subsister le paritarisme au sein des instances, en décidant de désigner les représentants de l'administration en nombre inférieur à celui des représentants du personnel.

Dès que le CHSCT sera installé, il sera pertinent d'informer précisément l'ensemble des agents de la commune sur son rôle en matière de conditions de travail ainsi que sur celui du comité technique.

Mais la revitalisation du dialogue social pour réussir la réorganisation des services de la commune est un tel enjeu – garantir la qualité des services à moyens constants voire avec moins de moyens sans dégradation des conditions de travail – que les écueils d'un dialogue social centré sur des questions secondaires doivent absolument être évités. Aussi, il paraît indispensable de construire un plan d'action cohérent laissant une large place à la concertation avec l'ensemble des agents. Afin d'élaborer ce plan d'action qui concerne l'ensemble des services sans s'inscrire dans les relations hiérarchiques habituelles, l'institution d'un groupe projet s'impose, associant le directeur des ressources humaines, un élu intéressé par la question des conditions de travail, un éventail d'agents représentatifs des différentes directions et des trois catégories hiérarchiques (A, B, C), ainsi que des représentants du personnel. Ce groupe projet pourra, en tant que de besoin, proposer la création de groupes de travail *ad hoc* au comité de pilotage. Celui-ci sera constitué du maire, de la directrice générale des services et de l'adjoint au maire délégué au personnel.

C. Concevoir un plan d'action concerté fondé sur un diagnostic partagé

Pour définir et conduire les changements déterminants pour les conditions de travail, l'employeur et les représentants du personnel doivent disposer d'éléments précis sur les aspirations des agents concernés (document 9).
Aussi, la première tâche à laquelle le groupe projet doit se consacrer est l'élaboration d'outils pour disposer d'une vision précise des craintes, des attentes et des suggestions de tous les agents sur la réorganisation des services.

La distribution aux agents de questionnaires « clés en mains » pour connaître leurs difficultés et leurs attentes n'apparaît pas comme un bon moyen de recueillir leurs avis. Il semble de loin préférable d'associer des cadres et des agents de la collectivité à l'élaboration d'un questionnaire. À cette fin, un groupe de travail restreint, constitué de quelques chefs de service, agents et représentants du personnel, peut travailler à l'élaboration d'un questionnaire d'enquête (document 8). Cette enquête par voie informatique, et, si nécessaire dans certains services, par courrier, dont l'anonymat des réponses devra être garanti, permettra de connaître les difficultés réelles ou ressenties et de dégager une première vision du climat social. Le groupe de travail estimera si le recours à un cabinet spécialisé est ou non nécessaire pour concevoir ce questionnaire et si un travail de recensement des moyens utilisés par d'autres collectivités ayant déjà mis en œuvre une telle démarche peut s'avérer pertinent.
Parallèlement, afin d'objectiver les enseignements de ce questionnaire, le groupe projet pourra travailler à l'identification d'indicateurs pertinents pour prendre régulièrement la mesure du climat social. Dans le cadre des CHSCT, une collaboration régulière sera à mettre en place avec les conseillers et les assistants de prévention en lien avec les remontées du CT, permettant de compléter l'état des lieux et de développer avec les OS d'autres pistes d'amélioration. Les membres du CHSCT pourront bénéficier d'une formation pour l'exercice de leur mandat pendant le premier semestre 2015 et de moyens d'investigation élargis grâce à des relations étroites avec la médecine

du travail, des accès aux lieux de travail pour visites et enquêtes en cas de difficultés repérées.
Au-delà des réunions institutionnelles des instances, *des réunions informelles du groupe projet avec l'ensemble des représentants du personnel, par exemple tous les deux mois, permettront de les associer au déroulement du projet (documents 9 et 10).*

Parallèlement à cette démarche, la direction des ressources humaines peut lancer une « Newsletter RH » à parution régulière, mensuelle par exemple, informant l'ensemble des agents sur le processus en cours. Si ce type de lettre fera inévitablement l'objet de critiques des plus rétifs au changement qui la qualifieront de « voix de son maître », elle n'en constitue pas moins un moyen d'information efficace de nature à calmer les rumeurs infondées. Une boîte à idées pourra également être mise en place : non sans danger dans la mesure où elle peut permettre des « déversements » anonymes, elle peut également constituer un bon indicateur du climat social.

Dans un délai de trois mois environ après le lancement du questionnaire, l'exploitation de celui-ci et des premiers indicateurs identifiés devrait permettre de tracer les grands axes du plan d'action conjuguant réorganisation et amélioration des conditions de travail et de proposer *des actions opérationnelles, qui pourront s'appuyer sur des expérimentations (document 2).* Ce plan d'action devra être validé par le comité de pilotage qui aura à décider de quelle manière le conseil municipal en sera informé. On peut déjà estimer que, dès juin 2015, un plan cohérent pourrait être présenté au conseil municipal après consultation officielle des instances. Sans préjuger des résultats du diagnostic, plusieurs leviers d'action peuvent déjà être dessinés, autour des questions d'organigramme, de délégation, de pénibilité du travail (rythmes de travail, gestes et postures, reclassement professionnel, etc.), de formation, de motivation (régime indemnitaire, cotation des postes, gestion prévisionnelle des effectifs, des emplois et des compétences), de mesure de satisfaction des usagers, etc.

La mise en œuvre progressive des actions décidées à compter de septembre 2015 devra être conduite en concertation avec les agents et les organisations syndicales en continuant à faire vivre, au-delà du dialogue institutionnel dans les instances, les autres formes de dialogue instituées pendant la phase diagnostique. Les indicateurs devront être régulièrement observés et l'évaluation partagée avec les agents et les organisations syndicales. Un premier bilan fin 2015 pourra porter à la fois sur la qualité du dialogue social, sur l'efficience et la « supportabilité » des actions de réorganisation entreprises. Un nouveau questionnaire pourrait également être proposé à l'ensemble des agents et des représentants du personnel afin de mesurer la satisfaction et l'impact des actions mises en œuvre.

Conclusion

Ainsi, les élections professionnelles de décembre 2014 offrent à la commune d'Alpha l'opportunité de mettre un dialogue social revivifié au service d'une réorganisation indispensable des services, à condition de savoir allier un fonctionnement harmonieux des instances à un dialogue social multiforme avec l'ensemble des agents. On peut attendre de cette expérimentation d'un dialogue social élargi qu'il permette aux élus, à l'administration et aux agents de travailler réellement ensemble à une organisation réussie pour les agents comme pour les usagers.

FICHE 42 UN SECOND EXEMPLE DE RÉDACTION DE RAPPORT AVEC SOLUTIONS OPÉRATIONNELLES

Concours interne et troisième concours d'attaché territorial, épreuve de rapport, session 2016, spécialité administration générale.
(L'intégralité du sujet traité ci-dessous est notamment accessible sur le site www.cdg69fr, rubrique « sujets ».)

Énoncé

« Attaché territorial, vous êtes chargé(e) de mission auprès de la Directrice générale des services (DGS) de la communauté d'agglomération d'Alpha (80 000 habitants), nouvellement créée suite à la fusion, dans le cadre de la loi MAPTAM, de cinq EPCI préexistants.
Souhaitant accompagner cette évolution institutionnelle, la DGS vous demande de rédiger à son attention un rapport sur la mise en place d'un projet d'administration permettant de dégager des solutions opérationnelles appropriées pour la communauté d'agglomération.
Vous rédigerez ce rapport à l'aide des éléments du dossier et de vos connaissances. »

Documents joints

- Document 1 : Qu'est-ce que le management de projet ? – Gilles Garel – *Informations sociales* – vol. 5 – n° 167 – 2011 – 4 pages
- Document 2 : Organisation : Mobiliser les agents sur un problème d'administration – Christiane Wanaverbecq – *La Gazette des communes* – 10 septembre 2012 – 2 pages
- Document 3 : Cent pistes d'actions opérationnelles pour porter un projet d'administration – Julie Krassovsky – *La Gazette des communes* – 15 juin 2015 – 1 page
- Document 4 : Rouen met la communication interne au cœur du projet d'administration – Bruno Cohen-Bacrie – *Techni. Cités* – avril 2015 – 1 page
- Document 5 : Donner des outils communs aux managers pour décliner le projet d'administration – Emmanuelle Chaudieu – *La Gazette des communes* – 7 juillet 2014 – 1 page

- Document 6 : La démarche « projet de service coopératif » – Nicolas Rapin – *La Lettre du cadre territorial* – 3 mai 2016 – 4 pages
- Document 7 : Faut-il satisfaire l'usager ? – Entretien avec Cédric Polère, sociologue – *Millénaire 3, site de prospective de la Métropole de Lyon* – 31 mai 2015 – 2 pages
- Document 8 : Réforme territoriale : vous n'y voyez rien et vous voulez manager ? – Philippe Dressayre – *La Lettre du cadre territorial* – 4 décembre 2014 – 2 pages
- Document 9 : Le Projet d'administration départementale 2001-2014 (extrait) – *Département du Nord* – 3 pages
- Document 10 : Projet d'administration (édito et avant-propos) – *Communauté urbaine de Bordeaux* – site consulté le 20 juillet 2016 – 2 pages
- Document 11 : Projet d'administration – Document de synthèse des actions (extraits) – *Conseil départemental des Vosges* – site consulté le 23 mai 2016 – 3 pages
- Document 12 : Six virages à prendre pour une administration du XXIe siècle – Maxime Barbier – *La Gazette des communes* – 28 octobre 2015 – 5 pages

L'analyse du sujet

Analyse du contexte et de la commande

- Le contexte est rapidement tracé : vous êtes chargé(e) de mission dans une communauté d'agglomération de 80 000 habitants nouvellement créée.
- Deux précisions ont leur importance : cette communauté est récemment créée, ce qui rend très pertinente l'élaboration du projet d'administration qui fait l'objet de la commande.

La taille de la communauté d'agglomération renvoie à la définition de ce type d'établissement public de coopération intercommunale : institué par la loi du 12 juillet 1999 relative au renforcement et à la simplification de la coopération intercommunale, cet EPCI regroupe plusieurs communes formant un ensemble de plus de 50 000 habitants d'un seul tenant et sans enclave autour d'une ou plusieurs communes centres de 15 000 habitants. En outre, cette communauté résulte de la fusion, dans le cadre de la loi MAPTAM, de cinq EPCI préexistants : il faudra donc être particulièrement attentif à mettre en place un projet de service fédérateur.

- Votre position de chargé(e) de mission auprès de la DGS chargée d'étudier la mise en œuvre d'un projet de service indique bien le caractère stratégique et transversal de ce projet.

• Enfin, la taille de cette communauté d'agglomération doit vous inciter à manier avec prudence les exemples de projets de service de collectivités de nature (département) ou de taille (communauté urbaine) différentes que vous trouverez dans le dossier.

Exploitation du sommaire

• Les titres des documents permettent de percevoir assez aisément ceux qui pourront servir à définir un projet d'administration et ceux qui vous fourniront des informations utiles pour « dégager des solutions opérationnelles ».

• Ils peuvent même vous mettre assez facilement sur la voie de l'organisation de la première partie autour, par exemple, des axes très « classiques » : Définition (un projet d'administration, qu'est-ce que c'est ?) / Conditions de réussite, ou : Objectifs (un projet d'administration, à quoi ça sert ?) / Conditions de réussite, ou encore : Objectifs / Écueils, ou : Les gains attendus / Les conditions de réussite.

Première partie		**Deuxième partie**
Objectifs	**Conditions de réussite**	**Solutions opérationnelles**
Qu'est-ce que le management de projet ? (document 1)	Organisation : mobiliser les agents sur un projet d'administration (document 2)	Cent pistes d'actions opérationnelles pour porter un projet d'administration (document 3)
La démarche « projet de service coopératif » (document 6)	Rouen met la communication interne au cœur du projet d'administration (document 4)	Réforme territoriale : vous n'y voyez rien et vous voulez manager ? (document 8)
Faut-il satisfaire l'usager ? (document 7)	Donner des outils communs aux managers pour décliner le projet d'administration (document 5)	Six virages à prendre pour une administration du XXIe siècle (document 12)
Six virages à prendre pour une administration du XXIe siècle (document 12)		
Le projet d'administration départementale 2001-2014 (document 9)		Le projet d'administration départementale 2001-2014 (document 9)
Projet d'administration (édito et avant-propos) (document 10)		Projet d'administration (édito et avant-propos) (document 10)

Projet d'administration – Document de synthèse des actions (document 11)		Projet d'administration – Document de synthèse des actions (document 11)

Un plan préconçu ?

Le plan de la première partie se dessine aisément. À partir de là, la **technique 1** exposée dans les conseils méthodologiques (ouverture de fiches à partir d'un plan préconçu) peut être facilement mise en œuvre. On ouvrira également *a priori* une fiche « introduction » où l'on placera les éléments requis au fur et à mesure de l'exploitation du dossier.

La seconde partie n'est pas pour l'instant organisée, mais on pourra opérer une prise de notes rapide sur les données qui peuvent y trouver place avant de la structurer au fur et à mesure du recueil des informations.

L'exploitation méthodique du dossier

Fiche introduction

Entrée en matière	Depuis plus d'une trentaine d'années, le management de projet a transformé les organisations : il est devenu le mode privilégié du changement, dans un contexte concurrentiel qui rend indispensables les réorganisations d'entreprises elles-mêmes changeantes. Manager un projet, c'est à la fois l'organiser, le piloter et l'évaluer, la performance du projet passant par une forte implication de ses différents acteurs. Avec le management de projet, s'est développée l'idéalisation d'un mode d'action exaltant, les salariés devenant des acteurs autonomes fortement attachés à réussir ; la réalité est certainement loin d'être aussi rose, l'excès d'engagement, la perte d'identité professionnelle, l'échec de certains projets pouvant s'avérer désastreux. (document 1)
Contextualisation	Pour construire un projet d'administration réussi, il faut avoir à l'esprit que tout projet requiert des moyens et des compétences et qu'invoquer de manière incantatoire le management de projet ne suffit pas à réussir. (document 1) Voici une dizaine d'années que les collectivités territoriales développent des projets d'administration participatifs, tant pour fédérer leurs agents autour de valeurs communes que pour exercer au mieux de nouvelles compétences dans un contexte de raréfaction des ressources. (document 2)

Fiche 1

Les gains attendus

Toute collectivité, et c'est particulièrement le cas de la communauté d'agglomération d'Alpha née de la fusion de cinq EPCI, réunit en son sein des agents de cultures, d'origines et de métiers différents. Un projet d'administration permet de réunir tous les agents autour d'un projet respectant leurs valeurs, de donner sens à leur travail en l'articulant avec des objectifs et des résultats. (document 2)

Il est particulièrement utile dans ce contexte d'harmoniser les procédures, d'améliorer les échanges et les procédures décisionnelles. La consultation des agents dans le cadre d'une co-construction du projet d'administration permet de réinventer un dialogue social, qui n'existait parfois pas ou plus précédemment, et de mieux comprendre les contraintes des uns et des autres. (document 3)

La création d'une communauté d'agglomération, avec des transferts de compétences et la mise en place de services communs, induit nécessairement des redéfinitions de fonctions, des modifications des processus de travail et l'instauration de nouveaux partenariats internes. (document 4)

L'élaboration et la déclinaison du projet d'administration permettent aux cadres des différentes directions de se retrouver, d'échanger sur leurs méthodes, d'arrêter des méthodes communes pour réaliser les projets de la communauté d'agglomération. (document 5)

Dans un contexte compliqué induit par la naissance de la communauté d'agglomération et les mutualisations qu'elle entraîne, se dédouaner en invoquant des décisions politiques sur lesquelles elle n'aurait pas prise n'est pas une posture envisageable pour l'équipe de direction générale : un projet d'administration lui permet de faire la preuve de sa capacité à piloter le changement et de donner les moyens aux agents d'être acteurs des transformations qu'ils vont connaître, grâce à l'écoute de leurs préoccupations, à l'identification de l'expertise acquise et de l'expérience mobilisable, des besoins d'adaptation et au partage sur les valeurs qui doivent être préservées. (document 8)

Donner du sens et fournir des repères, améliorer l'efficience des actions au regard de celles précédemment conduites par les EPCI avant leur fusion dans la communauté d'agglomération, mettre en cohérence les actions des directions et services avec les orientations fixées par les élus, tels sont les grands objectifs poursuivis au moyen de l'élaboration du projet d'administration. (document 9)

Comme l'écrit le Président de la communauté urbaine de Bordeaux dans un éditorial présentant le projet d'administration de cette communauté, il permet « à certains projets d'émerger, à l'innovation de s'épanouir, à de nouvelles logiques de prendre vie, au service public d'être garanti. Nous organiser différemment, c'est impulser cette dynamique vis-à-vis de nos partenaires, qu'ils soient institutionnels, associatifs ou privés, et de nos usagers. Il s'agit également, à travers notre organisation, de continuer à garantir l'équité et la solidarité sur notre territoire ». (document 10)

Fiche 2

Les précautions à prendre (ou Les conditions de réussite)

Certaines collectivités font appel à un cabinet extérieur pour consulter les agents et aider à l'élaboration des projets de direction. Le CNFPT peut également apporter son aide en tant qu'assistant à maîtrise d'ouvrage. D'autres collectivités mènent la démarche en interne, notamment au moyen de questionnaires ou de séminaires avec les cadres. En toute hypothèse, la consultation des agents est indispensable. Un plan de communication, avec une lettre interne et un site Internet dédié, permet d'informer tous les agents sur l'avancement du projet, les cadres pouvant en outre être formés si nécessaire pour en parler à leurs agents. (document 2)

La communication interne apparaît comme une courroie de transmission indispensable entre la direction et les agents pour faire adhérer ces derniers au projet d'administration et accompagner les changements nécessaires. (document 4)

Pour réussir, la démarche doit être portée par toute la direction générale, qui doit s'assurer que chaque direction joue un rôle de relais auprès des services. (document 2)

Le projet d'administration risque d'être perçu comme une surcharge de travail inutile s'il est conçu comme un objectif, alors qu'il s'agit bien davantage d'une démarche permettant de travailler sur le sens et la cohérence des missions, d'optimiser la qualité du service notamment grâce aux partenariats et à la coopération. Permettre à chaque niveau hiérarchique de s'approprier les orientations, de réfléchir sur ses missions, de partager les bonnes pratiques managériales, permettre à chacun de se percevoir comme un acteur contribuant, en relation avec d'autres, à la réussite du projet, est indispensable. Un manager sachant animer une équipe tout en demeurant expert pour résoudre les problèmes, capable de générer de la coopération plutôt que de coordonner lui-même est une des clés de la réussite. (document 6)

Les politiques centrées sur les usagers et leur satisfaction connaissent des limites : évaluer cette satisfaction est difficile et peut faire perdre de vue les objectifs de la collectivité. La prise en compte de l'intérêt général, l'égalité devant le service public sont des objectifs bien plus pertinents que l'atteinte d'objectifs dictés par des indicateurs de performance. (document 7)

Fiche 3

Les solutions opérationnelles

Le *document 11* contient des éléments qui pourront être repris.
Piloté par le Directeur général des services, le projet d'administration s'est appuyé sur une importante concertation du personnel (4 mois de travail et de réunions de groupe) :

• L'implication des agents :
– des agents, dont des représentants du personnel, ont construit les fondations du projet ;
– des agents ont animé les rencontres avec le Directeur général des services. Lors des rencontres entre le DGS et les agents, un sondage en temps réel a été mis en place (réponses anonymes et affichage de l'ensemble des réponses des participants) ;
– des équipes projets ont travaillé sur la définition des modalités de mise en œuvre des actions.

• L'implication des cadres :
– les cadres ont réfléchi aux grands enjeux de demain pour la collectivité.

• L'implication des directions :
– Les directions et services ont notamment mis à disposition des moyens d'organisation et techniques.

Le *document 12* donne des exemples de virage que doit prendre l'administration et qui peuvent sous-tendre l'élaboration d'un projet d'administration :
– le numérique et le changement des pratiques ;

– la co-conception de l'action publique, fondée sur l'expérimentation ;
– l'innovation managériale et collaborative, permettant à tous les agents de proposer des solutions pour améliorer le fonctionnement des services. Cette évolution doit s'accompagner de la remise en cause de pratiques comme les notes de service ou les réunions administratives ;
– la co-construction des politiques avec les citoyens et les acteurs locaux ;
– l'innovation ouverte, les acteurs privés pouvant proposer de nouveaux services en utilisant les données de l'administration ;
– l'innovation territoriale, réponse nouvelle à des besoins identifiés sur un territoire.

Ce travail méthodique d'exploitation des éléments du dossier, qui s'attache à éliminer les informations redondantes tout en valorisant les informations essentielles, aboutit à deux sous-parties relativement équilibrées constitutives de la première partie.

Les éléments utilisables en seconde partie (propositions opérationnelles) sont moins nombreux, et on devra s'attacher à mobiliser des connaissances personnelles et à bien prendre en compte le contexte pour proposer des solutions opérationnelles crédibles.

Le rapport corrigé

REMARQUE DU FORMATEUR :
Comme le précédent (fiche 41), le corrigé ci-après contient quelques précisions en italique à visée pédagogique qui ne figurent évidemment pas dans une copie de concours (« entrée en matière », « contexte », « problématique », « annonce de plan », etc.).
De même, au sein du développement, **la référence aux documents n'apparaît ici que pour permettre de mesurer d'où proviennent les informations et ne doit pas être conservée dans la copie.**
Soulignons une fois encore que la copie ne doit contenir aucun signe distinctif sous peine d'annulation par le jury du concours pour rupture d'anonymat : il convient donc d'être particulièrement attentif à ne faire figurer dans le timbre aucune mention ne figurant pas dans la commande (n'utilisez pas de nom de collectivité réel ou fictif autre que « Communauté d'agglomération d'Alpha », ni de numéro d'enregistrement du rapport, etc.). De même, gardez-vous bien de porter un paraphe ou une signature en fin de copie.

Communauté d'agglomération d'Alpha

Le 24 novembre 2016
(date de l'épreuve)

RAPPORT

à l'attention de Madame la Directrice générale des services

Objet : La mise en place d'un projet d'administration

Entrée en matière (accroche)

Depuis plus d'une trentaine d'années, le management de projet a transformé les organisations : il est devenu le mode privilégié du changement, dans un contexte concurrentiel qui rend indispensables les réorganisations d'entreprises elles-mêmes changeantes. Manager un projet, c'est à la fois l'organiser, le piloter et l'évaluer, la performance du projet passant par une forte implication de ses différents acteurs. Avec le management de projet, s'est développée l'idéalisation d'un mode d'action exaltant, les salariés devenant des acteurs autonomes fortement attachés à réussir. La réalité est certainement loin d'être aussi rose, l'excès d'engagement, la perte d'identité professionnelle, l'échec de certains projets pouvant s'avérer désastreux *(document 1)*.

Contexte (cadre juridique et contexte territorial)

Pour construire un projet d'administration réussi, il faut avoir à l'esprit que tout projet requiert des moyens et des compétences et qu'invoquer de manière incantatoire le management de projet ne suffit pas à réussir (*document 1*). Voici une dizaine d'années que les collectivités territoriales développent des projets d'administration participatifs, tant pour fédérer leurs agents autour de valeurs communes que pour exercer au mieux de nouvelles compétences dans un contexte de raréfaction des ressources *(document 2)*.

Problématique

Nouvellement créée et intégrant des établissements qui avaient auparavant leur propre organisation et leurs propres projets, la communauté d'agglomération paraît avoir beaucoup à gagner à la mise en place d'un projet d'administration : que peut-elle concrètement en attendre ? Comment réussir ce projet ?

Annonce de plan

(I) L'élaboration d'un projet d'administration s'avère un moyen de construire une coopération efficace (A) pour peu que l'on se dote des outils pour le réussir (B). (II) Sa mise en place dans la communauté d'agglomération d'Alpha requiert une claire compréhension du contexte (A), une élaboration participative (B) et une inscription dans la durée (C).

I. Le projet d'administration, un processus subtil de construction de la coopération

A. Une démarche qui fonde la coopération

Dans un contexte compliqué induit par la naissance de la communauté d'agglomération et les mutualisations qu'elle entraîne, se dédouaner en invoquant des décisions politiques sur lesquelles elle n'aurait pas prise n'est pas une posture envisageable pour l'équipe de direction générale. Un projet d'administration lui permet de faire la preuve de sa capacité à piloter le changement et de donner les moyens aux agents d'être acteurs des transformations qu'ils vont connaître, grâce à l'écoute de leurs préoccupations, à l'identification de l'expertise acquise et de l'expérience mobilisable, des besoins d'adaptation et au partage sur les valeurs qui doivent être préservées *(document 8)*. Donner du sens et fournir des repères, améliorer l'efficience des actions au regard de celles précédemment conduites par les EPCI avant leur fusion dans la communauté d'agglomération, mettre en cohérence les actions des directions et services avec les orientations fixées par les élus, tels sont les grands objectifs poursuivis au moyen de l'élaboration du projet d'administration *(document 9)*.
La création d'une communauté d'agglomération, avec des transferts de compétences et la mise en place de services communs, induit nécessairement des redéfinitions de fonctions, des modifications des processus de travail et l'instauration de nouveaux partenariats internes *(document 4)*. L'élaboration et la déclinaison du projet d'administration permettent aux cadres des différentes directions de se retrouver, d'échanger sur leurs méthodes, d'arrêter des méthodes communes pour réaliser les projets de la communauté d'agglomération *(document 5)*. Toute collectivité, et c'est particulièrement le cas de la communauté d'agglomération d'Alpha née de la fusion de cinq EPCI, réunit en son sein des agents de cultures, d'origines et de métiers différents.
Un projet d'administration permet de réunir tous les agents autour d'un projet respectant leurs valeurs, de donner sens à leur travail en l'articulant avec des objectifs et des résultats *(document 2)*. Il est particulièrement utile dans ce contexte d'harmoniser les procédures, d'améliorer les échanges et les procédures décisionnelles. La consultation des agents dans le cadre d'une co-construction du projet d'administration permet de réinventer un dialogue social, qui n'existait parfois pas ou plus précédemment, et de mieux comprendre les contraintes des uns et des autres *(document 3)*.

Comme l'écrit le Président de la communauté urbaine de Bordeaux dans un éditorial présentant le projet d'administration de cette communauté, il permet « à certains projets d'émerger, à l'innovation de s'épanouir, à de nouvelles logiques de prendre vie, au service public d'être garanti. Nous organiser différemment, c'est impulser cette dynamique vis-à-vis de nos partenaires, qu'ils soient institutionnels, associatifs ou privés, et de nos usagers. Il s'agit également, à travers notre organisation, de continuer à garantir l'équité et la solidarité sur notre territoire » *(document 10)*.

B. Les outils d'une construction réussie

Pour réussir, la démarche doit être portée par toute la direction générale, qui doit s'assurer que chaque direction joue un rôle de relais auprès des services *(document 2)*.

Le projet d'administration risque d'être perçu comme une surcharge de travail inutile s'il est conçu comme un objectif, alors qu'il s'agit bien davantage d'une démarche permettant de travailler sur le sens et la cohérence des missions, d'optimiser la qualité du service notamment grâce aux partenariats et à la coopération. Permettre à chaque niveau hiérarchique de s'approprier les orientations, de réfléchir sur ses missions, de partager les bonnes pratiques managériales, permettre à chacun de se percevoir comme un acteur contribuant, en relation avec d'autres, à la réussite du projet, est indispensable. Un manager sachant animer une équipe tout en demeurant expert pour résoudre les problèmes, capable de générer de la coopération plutôt que de coordonner lui-même est une des clés de la réussite *(document 6)*.

Certaines collectivités font appel à un cabinet extérieur pour consulter les agents et aider à l'élaboration des projets de direction. Le CNFPT peut également apporter son aide en tant qu'assistant à maîtrise d'ouvrage. D'autres collectivités mènent la démarche en interne, notamment au moyen de questionnaires ou de séminaires avec les cadres. En toute hypothèse, la consultation des agents est indispensable. Un plan de communication, avec une lettre interne et un site internet dédié, permet d'informer tous les agents sur l'avancement du projet, les cadres pouvant en outre être formés si nécessaire pour en parler à leurs agents *(document 2)*. La communication interne apparaît comme une courroie de transmission indispensable entre la direction et les agents pour faire adhérer ces derniers au projet d'administration et accompagner les changements nécessaires *(document 4)*.

Les politiques centrées sur les usagers et leur satisfaction connaissent des limites : évaluer cette satisfaction est difficile et peut faire perdre de vue les objectifs de la collectivité. La prise en compte de l'intérêt général, l'égalité devant le service public sont des objectifs bien plus pertinents que l'atteinte d'objectifs dictés par des indicateurs de performance *(document 7)*.

Phrase de transition
L'écriture du projet s'avérant plus stratégique que le projet écrit, il convient d'être particulièrement attentif au caractère participatif du processus.

II. La mise en place du processus dans la communauté d'agglomération d'Alpha

A. Une prise en compte éclairée du contexte

La construction du projet d'administration est plus complexe dans une communauté d'agglomération nouvellement née de la fusion d'EPCI préexistants que ne le serait celle d'une commune ou d'un département depuis longtemps institué. Cette création induit des transferts de moyens et de compétences, la mise en place de nouvelles fonctions ressources à partir des ressources préexistantes mises au service de la nouvelle communauté, qui peuvent aller à l'encontre des valeurs, des cultures professionnelles, des méthodes et des pratiques des agents appartenant aux collectivités d'origine. Il ne s'agit pas de rayer d'un trait de plume les appartenances des agents, ni de promouvoir une culture qui leur serait étrangère, pas plus que de faire prévaloir la culture des uns sur la culture des autres.
La fusion des EPCI en communauté d'agglomération, si elle a été fortement incitée par l'État, a permis aux élus d'élaborer un projet de territoire. Celui-ci reprend des axes présents dans de nombreux projets de territoire *(document 12)* :
- le numérique et le changement des pratiques ;
- la co-conception de l'action publique, fondée sur l'expérimentation ;
- l'innovation managériale et collaborative, permettant à tous les agents de proposer des solutions pour améliorer le fonctionnement des services. Cette évolution doit s'accompagner de la remise en cause de pratiques comme les notes de service ou les réunions administratives ;
- la co-construction des politiques avec les citoyens et les acteurs locaux ;
- l'innovation ouverte, les acteurs privés pouvant proposer de nouveaux services en utilisant les données de l'administration ;
- l'innovation territoriale, réponse nouvelle à des besoins identifiés sur un territoire.

Il paraît pertinent que le projet d'administration se fonde sur ces orientations stratégiques qui seront, le moment venu, à décliner en objectifs managériaux et en objectifs opérationnels, plutôt que de se construire de manière autonome par rapport au projet de territoire.

La prise en compte de ce projet de territoire dans le projet d'administration et la nécessité de construire un projet d'administration transversal conduisent sans hésitation à faire de la Direction générale, constituée du Directeur général et des Directeurs généraux adjoints, le comité de pilotage du projet.

B. Une élaboration participative du projet

Le Comité de pilotage étant constitué de la Direction générale de la communauté d'agglomération, largement constituée par des recrutements externes lors de la création de cette dernière, il est essentiel que des agents représentatifs des cinq EPCI d'origine soient tous associés à l'élaboration du projet d'administration. Il est essentiel que les pilotes des groupes thématiques à instituer pour construire le projet soient choisis avec un souci de représentation équilibrée des anciens EPCI, afin d'éviter la prédominance de telle culture, telles méthodes, telles pratiques… sur telles autres. Au sein de chaque groupe thématique, on veillera également à une composition équilibrée. Ainsi, les méthodes, les pratiques à privilégier émergeront au terme de réflexions nourries par les dialogues entre les agents de différentes cultures professionnelles.

Il conviendra également de veiller à ce que le projet ne soit pas conçu par quelques-uns puis diffusé aux agents une fois son élaboration terminée : les directeurs, les chefs de service doivent être sensibilisés à l'importance d'une consultation des agents sur le projet, avec une remontée de leurs observations et suggestions vers le comité de pilotage. À cette fin, le lancement du projet pourra s'accompagner d'un séminaire des cadres associant la Direction générale, les directeurs et chefs de service afin de promouvoir cette démarche.

L'avancée de la construction du projet pourra en outre être ponctuée de réunions plénières de l'ensemble des agents de la collectivité : si un site Internet dédié doit permettre d'informer les agents de l'avancée du projet, il demeure davantage un outil d'information que de communication, même s'il peut comprendre l'utilisation de questionnaires en ligne. Aussi, des réunions plénières s'imposent, qui pourront recourir à des votes en direct permettant aux votants, au moyen de terminaux, de prendre connaissance en temps réel des résultats du vote.

C. Un projet inscrit dans une durée raisonnable

Au vu des projets conduits par d'autres collectivités, un délai de six mois paraît raisonnable pour élaborer le projet. Au-delà, après l'enthousiasme des débuts, la volonté d'aboutir risque de s'émousser, au risque d'une « reprise en main » du projet par la Direction générale qui pourrait être tentée de conclure le projet en abandonnant, dans un souci d'efficacité, toute démarche participative. Le projet risquerait alors de se réduire à un texte écrit qui demeurerait largement lettre morte. Afin de garantir un achèvement dans ces délais, on privilégiera un rattachement direct des différents groupes thématiques au comité de pilotage (Direction générale).

Au terme de ces six mois, il sera essentiel d'évaluer le processus d'élaboration du projet d'administration au regard des objectifs initialement fixés. Si le processus s'avère partiellement défaillant, par exemple parce qu'un des « chantiers » pris en charge par un groupe thématique n'aura abouti à aucune proposition, ou à une proposition irréaliste ou allant à l'encontre de la culture professionnelle d'un grand nombre d'agents, le projet pourra être relancé pour quelques semaines plutôt que hâtivement conclu.

Une réunion de l'ensemble des agents, en présence de l'exécutif de la collectivité, pourra officialiser l'achèvement du projet. À une présentation académique, on préférera des prises de parole organisées non seulement de membres du comité de pilotage, de pilotes de groupes thématiques mais aussi d'agents particulièrement investis dans l'élaboration de propositions.

Enfin, par exemple à échéance annuelle, ce sont les résultats du projet d'administration eux-mêmes qui pourront être évalués.

Le but de l'élaboration d'un projet d'administration, c'est moins le projet d'administration élaboré que son élaboration elle-même : une excellente occasion, pour peu qu'on soit attentif à éviter la frustration d'une démarche subie plus que portée par tous, de travailler ensemble pour identifier non seulement des objectifs, mais aussi des méthodes et des moyens fondés sur des valeurs partagées pour atteindre ces objectifs.

PEFC
PEFC/14-38-00230

Achevé d'imprimer en février 2018 par Macrolibros en Espagne
Dépôt légal : février 2018
N° d'éditeur : 2017_1622